中国语言学论丛

[现代汉语]
[斥量名词研究]

王红侠 著

南京师范大学出版社
NANJING NORMAL UNIVERSITY PRESS

图书在版编目(CIP)数据

现代汉语斥量名词研究 / 王红侠著. — 南京：南京师范大学出版社，2020.6
 (中国语言学论丛)
 ISBN 978-7-5651-4363-2

Ⅰ. ①现… Ⅱ. ①王… Ⅲ. ①现代汉语－名词－研究 Ⅳ. ①H146.2

中国版本图书馆 CIP 数据核字(2019)第 242796 号

丛 书 名	中国语言学论丛
书 名	现代汉语斥量名词研究
著 者	王红侠
责任编辑	许晓婷
出版发行	南京师范大学出版社
地 址	江苏省南京市玄武区后宰门西村 9 号(邮编：210016)
电 话	(025)83598919(总编办)　83598412(营销部)　83373872(邮购部)
网 址	http://press.njnu.edu.cn
电子信箱	nspzbb@njnu.edu.cn
照 排	南京开卷文化传媒有限公司
印 刷	启东市人民印刷有限公司
开 本	890 毫米×1240 毫米　1/32
印 张	9
字 数	221 千
版 次	2020 年 6 月第 1 版　2020 年 6 月第 1 次印刷
书 号	ISBN 978-7-5651-4363-2
定 价	49.00 元
出 版 人	张志刚

南京师大版图书若有印装问题请与销售商调换
版权所有　侵犯必究

序

　　世界各大语种的语法研究,都十分重视词类研究。汉语更不例外,因为较之印欧语,汉语的词类缺乏形态变化,所以汉语的词类问题,不仅是语法研究的核心问题,还是语法研究的老大难问题。从汉语词类研究的历史来看,传统的词类研究是从虚词起步的,如卢以纬的《语助辞》、刘淇的《助字辨略》、王引之的《经传释词》;而实词的研究,特别是名词的研究,则多拘泥于训诂学的方法,过于倚重意义的解释。这些零散的研究大都是为阅读经典文献服务的,并没有形成独立的学科系统。《马氏文通》作为我国第一部语法学著作,对词类研究高度重视:它是以词类为纲来研究语法的,全书共十章,有九章是讲词类的。1949年以后,语法学界的几次语法大讨论,对于词类问题,也是很重视的,尤其是划分词类的标准问题。20世纪80年代后,随着改革开放进程的加快,汉语词类研究也不断取得新进展。其中,动词研究范围广,成果多,深入而细致,名词研究却相对冷清,始终没有形成热点。进入新世纪以来,词类研究有了长足的进步,值得关注的是,2007年之后,沈家煊的系列文章,针对汉语词类格局,提出了"名动包含"说,即名词包含动词,动词是名词的一个次类,以名词为根本,这是一种改变词类研究格局的全新模式。这一模式不仅在汉语词类研究方面实现了颠覆性的突破,大大改变名动关系的格局,而且为名词的深入研究展现了广阔的前景。

　　王红侠君的斥量名词研究,恰似这种广阔前景中的一朵浪花,在汉语名词研究中顺势前行。她的这一课题起步于 1998 年,其研究生学年论文,就从名词功能分类的角度,提出了与一般名词对立的新的名词类型,即度量名词这一概念。她的硕士学位论文《现代汉语度量名词研究》把这类名词研究又向前推进了一步。20 年前,在动词研究成果丰硕,而名词研究成果甚微的汉语词类研究格局下,红侠君的这一选题,对推动名词分类研究有积极的意义。

名词与数量词的关系很密切,朱德熙在《语法讲义》中,就把数量词作为名词的分类标准,即以受数量词的修饰,同时不受副词的修饰,以此把名词与动词、形容词区别开来。继而仍以名词与数量词的关系,把名词分出五个次范畴小类。这种分类标准的确立,打破了名词意义分类的禁锢,开名词功能分类的先河。20 世纪 60 年代初,汉语语法研究尚未深入之时,朱德熙名词语法分类标准的提出,是对汉语词类研究的重要贡献。红侠君经常阅读朱先生的论著,尤其是《语法讲义》,并反复琢磨名词与数量词的关系,不仅发现了名词的一种新类别,即斥量名词,而且尝试着建立起这一名词新类别的系统,即斥量名词系统。20 年的努力,终于有了收获,在名词的语法功能分类上有所前进。

课题的名称和定位,是研究对象确当与否的关键。诸多学者对这类名词研究的参与和推动,也引起了作者更多的思考,而单是课题的名称及其定义,便让她很费周折。关于这类名词的名称,各家众说纷纭,没有定名,更没有定义。名正则言顺,作者在这方面是用功的,"斥量名词"的提出,是集诸多学者对这类名词研究之智慧,经过反复推敲而成的,且作者进一步对这一概念的内涵和外延做了相对确切和精要的界定。较之以往对这类名词的多种提法,如度量名词、非量名词、无量名词等,"斥量名词"的提法相对科学合理。原因是:其一,斥量名词的命名依据,是采用语法学的方法,即关注此类词与他类词的搭配关系,是从此类词的外部关系出发的。而其他名称的命名依据较为含混,如度量名词,其命名依据则是词汇学的方法,即关注这类名词自身的量元素,是从其自身内部的词汇意义出发的。其二,名词与数量词的关系是一种标志性的类关系,受数量词修饰与排斥数量词修饰的普通名词与斥量名词的对立,恰反映了名词内部次范畴小类之间对立统一的关系。其三,依据此类词与他类词搭配关系的语法学方法,是汉语实词分类及命名最常用的方法,如体词与谓词、动词与形容词的分类,都不外乎这一方法。

我们相信,随着词类研究格局的变化,参与名词研究的学者会越来越多,名词研究一定会发达起来。

张爱民

2019 年 7 月 30 日

目 录

绪 论 ·· 1

第一章 斥量名词的界定 ·· 9
第一节 何为斥量 ··· 9
一、"斥量名词"命名之优 ································ 9
二、斥量名词斥量的表现 ································ 10
第二节 如何判定名词斥量 ································ 14
一、何为数量名结构 ····································· 17
二、何为斥量名词 ·· 25

第二章 斥量名词的构词语素与构词特征 ················ 31
第一节 斥量名词的构词语素 ····························· 31
一、斥量名词的构词分析 ································ 31
二、斥量名词的词义特征 ································ 38
第二节 斥量名词的构词特征 ····························· 69
一、无标记项优先的构词特征 ·························· 69
二、显著度高的语素优先构词的特征 ·················· 73

第三章 斥量名词的数量特征与斥量动因 ················ 76
第一节 斥量名词的数量特征 ····························· 76
一、斥量名词[＋唯一量]的数量特征 ·················· 76
二、斥量名词[＋精确量]的数量特征 ·················· 80
三、斥量名词[－精确量]的数量特征 ·················· 81
四、斥量名词[±精确量]的数量特征 ·················· 84

五、斥量名词[无量]的数量特征 …………………… 85
　第二节　斥量名词的量级和量标准 ………………… 87
　　一、斥量名词的量级和量标准 ……………………… 87
　　二、含度量斥量名词的精确计量与模糊计量 ……… 92
　第三节　斥量名词斥量的语义动因 …………………… 96
　　一、语义动因之一：数量特征无须额外编码 ……… 96
　　二、语义动因之二：数量特征不可重复编码 ……… 99
　　三、语义动因之三：数量特征不可矛盾编码 ……… 100
　　四、语义动因之四：取值诉诸"数＋度量衡量词" … 101
　　五、语义动因之五：数量特征无法编码 …………… 103

第四章　斥量名词隶属度考察与分析 ……………… 106
　第一节　斥量名词隶属度考察 ………………………… 107
　　一、[＋唯一量]斥量名词隶属度 …………………… 107
　　二、[＋精确量]斥量名词隶属度 …………………… 127
　　三、[－精确量]斥量名词隶属度 …………………… 139
　　四、[±精确量]斥量名词隶属度 …………………… 150
　　五、特定义斥量名词隶属度 ………………………… 159
　第二节　斥量名词隶属度分析 ………………………… 171

第五章　汉语名词斥量的层级性 ……………………… 176
　第一节　现代汉语名词的维度 ………………………… 176
　　一、现代汉语名词的维度次类 ……………………… 177
　　二、零维名词 ………………………………………… 179
　　三、现代汉语名词维度的句法表现 ………………… 180
　　四、量名语义搭配的认知理据 ……………………… 183
　　五、名词的语义维度与量词的作用 ………………… 184
　第二节　汉语名词斥量的层级性 ……………………… 186
　　一、汉语名词斥量的层级性 ………………………… 186

二、从斥量层级看斥量名词的词类地位 190

第六章　斥量名词斥量的相对性 194
第一节　名词斥量性的变化 194
一、认知引起斥量性的变化 194
二、隐喻引起斥量性的变化 195
三、我们的词类观 197
第二节　斥量名词与普通名词的对立 202
一、斥量名词不会发展出普通名词的用法 202
二、斥量名词与普通名词构成的数量名结构功能不同
.... 205
第三节　从斥量名词看名量关系 206
一、依据名量关系给名词分类的尝试 206
二、从斥量名词看数量名结构的功能 208
三、兼论泛用量词"个"的计数分类功能 213

第七章　斥量名词的定量分布研究 216
第一节　斥量名词定量研究说明 216
一、前人对斥量名词的计量研究 216
二、斥量名词定量研究所选用的词表 217
三、《HSK考试大纲（1—6级）词汇表》中对斥量名词的标注原则 220
第二节　斥量名词的定量统计分析 223
一、斥量名词总量 223
二、HSK狭义名词中斥量名词的分布情况 224
三、HSK广义名词中斥量名词的分布情况 229
四、从统计结果再看名词维度与斥量 232
五、《斯瓦迪士核心词列表》中斥量名词的统计分析
.... 237

第三节　从统计数据看斥量名词的词类地位……………… 238
　　　一、定量统计数据 …………………………………… 238
　　　二、从统计数据得出的结论 ………………………… 239

附录一　前人列举的词表(部分) ………………………… 241

附录二　第二章斥量名词增补 …………………………… 247

附录三　度量类斥量名词 ………………………………… 254

附录四　第三章斥量名词增补 …………………………… 258

附录五　HSK 考试大纲斥量名词列表 …………………… 262

附录六　HSK 考试大纲时间词、方位词、处所词列表 …… 264

附录七　HSK 考试大纲零维名词列表 …………………… 265

附录八　《斯瓦迪士核心词列表》中的名词 ……………… 270

参考文献 …………………………………………………… 272

后　　记 …………………………………………………… 276

绪 论

词类问题,是语法研究的重点,也是语法研究的难点。同时,还是语法研究的热点。在汉语词类研究中,名词理应是语法研究的重点和难点。然而长期以来,对名词的研究却并没有形成热点。名词具有根本性,"名词指称事物,动词陈述动作,二者在认知上是不对称的。具体地说,事物概念可以独立,我们完全可以想象一个事物而不联想到动作;而动作概念总是依附于相关事物,我们不能想象一个动作却不联想到跟动作有关的事物。"

汉语语法研究一直重视名词与动词的关系,但由于对二者认知上的不对称,在研究实践中形成了相反的状况:名词研究较为冷清,动词研究成了热门。究其原因,令人困惑不已。在此想以极不成熟的想法求教于大方之家。近年来,人造物名词和社会角色名词研究比较盛行,在逻辑学领域,名词研究也一直兴旺,因为它牵扯到名实问题。然而在语言学领域,尤其在汉语学界却相对冷清。可能是汉语语法受西方语言学"动词中心说"的影响,常以动词为谓语中心,再加上在分析方法上长期使用中心词分析法,即以动词谓语为中心,认为抓住了中心就能提纲挈领,把握全局,所以往往以动词研究为中心,去考虑动词对名词的限制;还有从形态角度看,认为名词即便有形态特征,也没有动词的形态丰富和重要,长此以往,便形成了关注动词、忽略名词的倾向。

本人的斥量名词研究,属于名词小类研究,纯属兴趣所至,水平所限,没有大的格局意识。只是觉得斥量名词是一个新的名词的次范畴小类,若能建立起一种斥量名词系统,正好与普通名词系统相对立,这对于名词的语法分类还有一点儿帮助,仅此而已。

我们相信沈家煊先生提出的"名动包含说",即名词包含动词,名词是根本,这种"大语法"的思想,能把名词研究大大地向前推进。

众所周知,汉语里量词极为丰富,量词不仅是汉语里的一个较为特别的词类,也是汉藏语系里一个特别的词类。近二三十年来,汉语语法学界开始对名词研究、量词研究以及名量关系的研究逐步重视,取得了显著的成果。学界普遍认为,依据名量之间的选择性进行分类是对名词分类较好的办法之一。但是大多数学者关注的都是能与量词搭配的名词,从而从各种角度尝试揭示名量之间的语义语法关系,而对不能与量词搭配的名词,学界关注较少。

典型的名词有指称义,典型的名词所代表的事物一般具有三维空间性,这种名词前面往往可以受数量短语直接修饰,对名词所代表的事物进行计数,名词在句中经常做主宾语或定语等,这是语法学界已经达成的共识。可是,我们难免产生疑问,汉语里不典型的名词有哪些呢?它们也有指称义和空间性吗?它们为什么不能直接受数量短语修饰?它们在句中主要做哪些句法成分?既然它们不能受数量短语直接修饰,语法学家为什么还要把它们归入名词大家族中?

纵观斥量名词研究的历史,刘学敏、邓崇谟(1989)在《现代汉语名词量词搭配词典》中最早列举了如"利率""内政""年华""农业""乒坛""凝固点"等一批"无量词搭配的名词"约460个。彭睿(1996)称之为"度量类抽象名词"和"非量化名词",并列举前者35个例词和后者366个例词。但仅有例词和名目(部分词表可参考附录一),遗憾的是多无深入研究。

其后,王惠、朱学峰(2000)对27 397个名词的子类进行了定量分析,发现其中"无量名词"占5 205个,比重达到约19%,在数量上仅次于个体名词而位居第二。王珏(2001)用能否受量词修饰的标准将名词分为"不可量化名词"和"可量化名词"两类,他指出不可量化名词不可与数量词结合,但不是绝对不可以,根据我们的研究,这是符合语言实际的。但他又说不可量化名词是极少数,可量化名词是绝大多数,这与王惠、朱学峰(2000)的研究结论相悖。

刘顺(2003)将名词分为"可量名词"和"非量名词","非量名词"又分为"专有名词"和"无量名词",但其研究的重点是"可量名词",无量名词涉及较少。龙涛(2010)列举出了两类名词:"一般不加数量词的名词"和"不能加数量词的名词",他对后者有所阐述,但对前者没有较为深入的研究。

除此以外,周丽萍(2002)、陈永芳(2009)、张文庭(2012)、温锁林(2018)等从构词特点、语义特征、句法表现等方面展开了研究,但对这类名词依然缺乏严格的界定,而且有多处研究结论互相矛盾。

前人研究之弊可归结为如下几点:

一、命名之弊。

彭睿(1996)"非量化名词",王惠、朱学峰(2000)"无量名词",王珏(2001)"不可量化名词",刘顺(2003)"无量名词",王惠(2004)"无量名词",陈永芳(2009)"非量化名词",张文庭(2012)"非量名词",温锁林(2018)"非量化名词"等,前人大多不约而同地采用了"无量名词""非量化名词"的命名。龙涛(2010)认识到了命名不合理,但并未给出更为合理的命名。

"无量""非量"原意是不能受"量词"修饰,而这类名词本身恰恰含有数量特征,所以我们认为"无量名词""非量化名词"的命名会因字面意义的影响让人产生误解。原因如下:

1. "无量""非量化名词"恰恰蕴含"数/量"的语义特征

这类名词在句法形式上之所以不能受数量短语直接修饰,往往是因为部分词语内部蕴含"数/量"的语义特征(如"双亲""四季""五官""四肢"……)。正是在这种数/量的语义动因驱使下,该类名词在句法形式上才具有了排斥数量的表现。如果用"无量名词""非量化名词"来命名,容易让人误以为这类名词不具有数/量的语义特征,易引起混淆。

2. 部分名词可受"数词+单位量词"修饰

其中部分名词(如"长度""高度""距离""重量"……),它们词语内部虽不蕴含"数/量"的语义特征,但是这类名词所描写的属性的具体取值必须诉诸数量短语。这些名词尽管不能受到"数词+个体量词"这种数量短语直接修饰,但它们依然可以受"数词+单位量词"(如"一米八的高度""两百斤的重量"……)的间接修饰(间接修饰较为常见)。所以从严格意义上来讲,这类名词也不能归入前人所谓的"无量名词""非量化名词"。

3. 混淆"量化词"与"量词"的概念

逻辑学中的量化词,既包括狭义量化词(如"所有""全部""任何""一些""有的"……),也包括广义量化词(如"多数""多半""大半""少数""个别"……)。而语法学中的量词其实并不表示量,仅表示计量使用的单位词,在语法学中真正表示"量"概念的其实是数词。

现代汉语中的这类名词中的一部分(如"全局""全军""个人""群岛"……)之所以不能受数量短语修饰,是因为这些词语本身已经包含量多量少、数大数小等意义的语素,即逻辑学中所说的量化词语素,而非语法学中的"量"。前人的研究多是混淆了逻辑学中的量化词和语法学中量词的概念。

二、分类标准杂糅。

彭睿(1996)将"度量类名词"归入"抽象名词",将"非量化名词"归入"普通名词",我们认为这种做法是不可取的。原因在于:"度量类名词"是从这类名词内部的词义特征归纳出的类别,"抽象名词"与"具体名词"相对,是从名词意义的角度出发归纳出的类别,"非量化名词"是从名词的语法功能(即外在形式特征)归纳出的类别,分类标准完全不同的几个名词的次类,却分属于上下位关系的类别,这显然是不可取的。即使采取统一的标准,即从名量搭配的角度,凡能与数量短语搭配的名词可归为可量化名词,凡不能与数量短语直接搭配的名词可归为非量化名词,彭睿列出的"度量类抽象名词"也应该归入非量化名词的类别。

王惠、朱学峰(2000)根据名量选择的差异性将名词分为第一层级有量名词—无量名词,第二层级将有量名词分为指物名词—过程名词,第三层级将指物名词分为普通名词—专有名词,第四层级将普通名词分为具体名词—抽象名词,第五层级将具体名词分为计量名词和集合名词,第六层级将计量名词分为个体名词和物质名词,集合名词分为可分集合名词—不可分集合名词,将名词分为个体名词、物质名词、可分集合名词、不可分集合名词、抽象名词、专有名词、过程名词、无量名词共 8 个次类。可以看出,第一层级"有量名词—无量名词"和第五层级"计量名词和集合名词"是依据名词的语法功能(即外在形式特征)归纳出的类别,但其余层级和分类却都是从意义上进行的分类,上下位的层级之间分类标准不一。

王珏(2001)在列举了 8 个语义小类之后,没有就不可量化名词继续展开研究,只讨论了 B 类可量化名词的分类情况。其分类方法,第一层分成不可量化名词和可量化名词是名词的语法功能的次类,但从第二层将不可量化名词分成的 8 个小类,如独一无二的事物名词、含有数量义的名词、关系名词、区别性名词等,却主要是从语义方面对名词进行的分类,分类的标准未能一以贯之,并且仅存名目和例词,没有继续研究这些不可量化名词。

刘顺(2003)在对名词次类的研究中,第一层级首先将名词分为可量名词和非量名词;第二层级将可量名词分为事物名词和事件名词,将非量名词分为专有名词和无量名词;第三层级将事物名词分为具体名词和抽象名词;第四层级将具体名词分为单量名词和群量名词;第五层级将单量名词分为个体名词和物质名词。很显然,第一层级是从名词的语法功能(即外在形式特征)归纳出的类别,第四层级"单量名词""群量名词"亦是,但其余层级的分类却是从意义角度出发,分类标准杂糅。

温锁林(2018)将"非量化名词"共分成 3 大类 7 个小类,不仅较为烦琐,且主要依据这类名词的构词语素进行分类,更不可取。其选取的"非量化词语"来源于彭睿(1996:105 - 107)列出的 366 个词语和俞士汶等(2003:252 - 443)列出的 370 个词语,去除重合的词语后共 664 个词语。由于选取的样本词语量较少,基本符合上述构词语素分类,但如果扩大词语的范围后,很多"非量化名词"如"寿诞""肉体""公愤""人手""盛名""长势""重兵""硕果""脑海""头脑""心坎"等则不易归入上述类别。且温文未参考到刘顺(2003)、王惠(2004)、龙涛(2010)的研究成果。

三、结论有矛盾之处。

刘学敏、邓崇谟(1989),彭睿(1996),王惠、朱学峰(2000),周丽萍(2002),龙涛(2010),张文庭(2012)基本都认为这类名词不能受量词修饰。其中,表述较为绝对化的是周丽萍(2002:50)

的结论:非量化名词不具备其中(指可量化名词)任何一个语义特征,因而不能受任何一种量词修饰。

王珏(2001)认为度量类抽象名词的特征是可前加表计量的数词或度量衡数量词,但绝大多数情况下要加"的"。不可量化名词——不可和数量词结合的名词,王珏同时在括号里注明"不是绝对不可以",可以看出其认为"不可量化名词"有时候可以受数量短语修饰,但不常见。可是除了在括号里注明之外,没有进行解释说明。

温锁林(2018)认为"非量化名词有的也能有限度地接受数量词的修饰(如'三种资格''一种罪恶''25厘米长度')"等。同时他指出"不能受数量成分的直接修饰是非量化名词最显著的句法特点,也是该类名词与其他类名词的区别性特点"。一方面认为不能受量词修饰,另一方面又认为可以有限度地接受修饰,前后表述自相矛盾。我们认为既然非量化名词可以有限度地接受数量词修饰,不受数量词直接修饰就不能视作非量化名词最显著的句法特点和区别性特点,且文中也没有交代"有限度"指的是哪些限度。

"不受量词修饰"说与"有限度地修饰"说两种相互矛盾的结论并存。

正是基于以上分析,我们确定了本书的研究目标。

首先,我们尝试对这类名词进行较为科学的命名,称之为斥量名词。本书摒弃传统观点,即斥量名词是"不能直接前加数量短语的名词"这一错误观点,在分析斥量名词斥量的表现后,依据其句法实际对斥量名词进行相对严格的格式界定。

其次,我们对斥量名词的构词语素与语义特征进行分析,并尝试从认知的角度解释斥量名词构词的理据。

再次,我们着手分析斥量名词的数量特征,并分析和解释引起斥量名词斥量的语义动因。

又次,我们对斥量名词的量级和量标准、斥量名词斥量的层级性、斥量名词斥量的相对性以及斥量名词的名词隶属度予以分析。

最后,我们选取较小的词表如《HSK 考试大纲(1—6 级)词汇表》和《斯瓦迪士核心词列表》中的斥量名词,对其进行封闭的定量分析,以期得出名词总量中斥量名词的占比问题。

无论是命名,还是斥量名词的语义动因分析、斥量名词斥量的相对性和层级性分析,以及较小词汇表中的定量分析,都是前人未进行尝试的,"驽马十驾,功在不舍",通一孔,晓一理,即使成一得之见,幸甚,见笑于大方之家。

第一章 斥量名词的界定

第一节 何为斥量

一、"斥量名词"命名之优

纵观前人的研究,前人所谓的"无量名词""非量化名词"指的是不受数量短语直接修饰的名词(如"一生""双方""四季""五官""全军""全国""个人""个头""安危""胜负""洪福""败绩"等)和可受可变数量短语("数+度量衡量词")间接修饰的名词(如"长度""身高""宽度""体重""重量""沸点"等)。虽然学界已经认识到了这类名词的客观存在,但到目前为止,学者仍未给出判定这类名词归属的直观的鉴定格式或者给出较为严密的定义。

鉴于前人命名之弊,我们提出用"斥量名词"这一概念指称这类名词。之所以这样命名,并非标新立异,是源于我们研究的这类名词的语法表现和语言事实。

正是认识到前人"无量名词""非量化名词""非量名词"等称呼的命名之弊,并基于语言事实,我们采用"斥量名词"(可记作"N_{-SL}名词")这一名称指称这类名词,下面我们简单陈述我们命名的缘由。

"斥量名词"命名之优:

1. 着眼于名量之间的关系命名

"斥量名词"这一名称是真正从名、量两者之间的关系出发,而不再像前人那样仅仅关注这类名词自身的特征。

2. "斥量名词"符合语言实际

斥量名词并不是完全不能受任何数量短语直接修饰,只是在通常的情况下与普通名词相比较而言,斥量名词较为排斥在其前面直接受常见的数量短语修饰。

3. "斥量名词"使研究对象名实相符

"斥量名词"一词准确恰当,能使我们的研究对象名实相符,不会让人因"无量""非量"等字面意义的影响而引起误解。

二、斥量名词斥量的表现

周丽萍(2002:50)认为非量化名词不具备其中(指可量化名词具备的)任何一个语义特征,因而不能受任何一种量词修饰。经过我们深入研究后发现,这是完全错误的认识和结论。"排斥"数量短语修饰和"不能"受数量短语修饰是两个完全不同的概念。

斥量名词并不是完全不能受任何数量短语直接修饰,只是在通常的情况下,与普通名词相比,较为排斥前面直接受常见的数量短语修饰。

斥量名词排斥数量的表现是:

1. 斥量名词一般不能进入"数+量(个体量词/形状量词/度量衡量词/容器量词等)+名词"中。

2. 斥量名词偶尔可进入"数+量('个''种''项''场''次'等)+名词"中。

3. 进入"数+量('个''种''项''场''次'等)+名词"中时,数词受到限制,最常见的为"一"。

4. 进入"数+量('个''种''项''场''次'等)+名词"中时,量词受到限制。

5. 进入"数+量('个''种''项''场''次'等)+名词"中时,

量词不能重叠表遍指。

简言之,斥量名词一般不能被数量短语直接修饰,偶尔可被直接修饰,但数量短语中的数词和量词均受到限制。

如"胜负"是前人总结的词表中出现频率较高的斥量名词,但我们在 CCL(北京大学中国语言学研究中心)语料库检索系统(网络版)里却检索到了 2 例"一个胜负"、2 例"一次胜负"和 3 例"一场胜负"。

2 例"一个胜负"如下:

(1)……其意不只在辩论中的唇枪舌战里求一个胜负,更在于走近一个真理,走进一个真实。(《1994 年报刊精选》)

(2)我要活在太阳下,就算我要杀人,我也会堂堂正正地去向他挑战,跟他公公平平地争一个胜负。(古龙《英雄无泪》)

2 例"一次胜负"如下:

(3)这场女双比赛进行得时间特别长,双方为决出一次胜负有时需要十几个回合。(新华社 2003 年 3 月新闻报道)

(4)要么放弃追杀自己,全心全意地与维拉恩来对上一局,再分一次胜负。(《汉风》)

3 例"一场胜负"如下:

(5)第二阶段 8 强比赛采用淘汰方式,一场胜负定命运。(《人民日报》1995 年 5 月)

(6)郎平还说,巴西队是一支非常出色的队伍,她不认为一场胜负能比较出两队水平的高低。(《人民日报》1996 年 9 月)

(7)竞技场上变化多端,且团体赛常因一场胜负而影响全队正常发挥。(2002 年 5 月新华社新闻报道)

很显然,语料库中这些例句出现的频率和数量极少。这正说明斥量名词"胜负"排斥数量短语的直接修饰,也就是说与普通名词相比,其斥量性较强,但并不是完全不能受数量短语直接修饰。

附带说明的是,我们不能因为语料库中出现了 2 例"一个胜负"就断定斥量名词"胜负"具有了个体名词的用法,或者下结论说"一些非量化名词向抽象名词用法演化,还可能在句法与语义上继续向个体名词演化"(温锁林,2018:72)。这种观点和 20 世纪 50 年代以高名凯先生为代表的"汉语无词类论"是同样不可取的。

再如"人体"一词,刘学敏、邓崇谟(1989),彭睿(1996),王惠、朱学峰(2000),王珏(2001),周丽萍(2002)列出的词表都出现了该词。但我们在 CCL 语料库检索系统(网络版)里检索到了 10 处"一个人体"的用例。

(8) 事实是中国在进入现时代以前,一个半世纪,已经达到了一个自我平衡的社会,有足以维持一个稳固国家的能力,好像一个人体,自我矫正的机构能维持体温、血压、呼吸、心脏和血糖的平衡。(《读书》)

(9) 如我们能辨认出一幅画画的是一棵树、一只鸟、一个茶杯、一个人体……(《读书》)

(10) 一阵嘈杂的人声,我突然惊醒,发觉衣服已经脱得精光,身旁还蜷缩着一个人体。(朱邦复《东尼!东尼!》1995 年)

(11) "砰"地一声,一个人体落在地上的声音。(兰晓龙《士兵突击》2007 年,141 页)

(12) 坦克里的瞄准具显示着草丛中隐蔽的一个人体。(兰晓龙《士兵突击》2007 年,279 页)

(13) 社会就像一个人体,是个综合复杂体。(杨恒均博客)

(14) 尤金从来没有看见过这样一个人体和脸蛋儿。这简直是个天仙般的美人——他理想中的美人变成有生命的真实人物了。(翻译作品《天才》)

(15) 这是一个消防栓,就消防栓来讲它是一个消防栓,就

人来讲,它相当于一个人体。(《百家讲坛》030915-031010《血压与健康》黄从新)

(16) 一个社会、一个国家、一个公司就像一个人体一样,各部分都有它特定的功能。(潘石屹博客)

(17) 一个人体继续存留一些时候,虽然身体所由构成的原子和分子不是没有变化的。(罗素著,温锡增译《罗素文集》第12卷,191页)

另外,还检索到2例"两个人体"。

(18) 他看到父亲的嘴巴动了一下,那声音就是从这里面飘出来的。紧接着两个人体在他面前站住。(余华《四月三日事件》)

(19) ……拉出来的一个放大画面上,可以看到一对情侣拥抱着跌入平面,二维化后的两个人体在平面上并行排列,仍能看出拥抱的样子,但姿态很奇怪。(刘慈欣《三体Ⅲ》)

尽管在语料库中共出现了上述10个"一个人体"用例和2个"两个人体"的用例,例句数量较多,但是,很显然其中有几个用例明显不符合我们通常的汉语语感,读起来较为别扭,而且还有几例是否符合我们的语感姑且存疑。另外,当"数+个+人体"中"数词"用除"一""两"以外的其他数词替换的时候,并未检索出相应的例句。

基于很多相似的例句不符合我们的语感或者姑且存疑,我们可以确切地说"数+个+人体"中的数词的使用受到较强的限制。据此我们认为,"人体"与普通名词相比,在受数量短语修饰的能力上相对较弱,即该词斥量性相对较强。

可以计数是世界上大多数事物共同具有的特征,因此任何一种语言都有表达数量和事物的词类,汉语是具有丰富量词的语言的代表之一。一般情况下,在现代汉语中数词和名词的组合需要量词的参与,量词的出现在数词和名词组合时具有某种强制性。但有些在数量上已经受限的事物,比如限定数量事物、集合概念和分类概念等名词一般具有较高的斥量属性。如上文刚刚讨论的"人体"一词,其词义所指具有唯一性,属于限定数量事物,因而表示这类概念的名词就相应地具有较强的斥量属性。

第二节 如何判定名词斥量

我们以"额"为语素构成的一组名词为例说明斥量名词的判定标准。

这组名词有:

差额 全额 保额 额数 票额 余额 额度 定额
数额 份额 全额 总额 额度……

那么,上面这些词语是全部属于斥量名词还是其中部分属于斥量名词?如果是部分属于斥量名词,到底哪些词语属于斥量名词?判定其属于斥量名词的标准是什么?

我们先来看前人研究的成果。

彭睿(1996)所列出的 35 个度量类抽象名词中以"额"为语素组合构成的名词只有 1 个:

总额

王惠、朱学峰(2000)所著《附录 2 无量名词举例》中 251 个名词中,以"额"为语素组合构成的名词有 5 个:

差额 定额 全额 数额 总额

周丽萍(2002)《现代汉语非量化名词总表》列出的 665 个名词中,以"额"为语素组合构成的名词有 2 个:

金额 总额

陈永芳(2009)列出的 1 723 个非量化名词中以"额"为语素

组合构成的名词有 8 个：

差额　定额　额度　额数　份额　金额　数额　总额

张文庭(2012)列出的 1 418 个非量名词中，以"额"为语素组合构成的名词有 6 个：

金额　票额　额度　保额　额数　余额

温锁林(2018)列出的 664 个非量化名词中，以"额"为语素组合构成的名词有 2 个：

定额　金额

为便于比较，我们将研究者列出的以"额"为语素组合构成的名词按照相同词语的顺序列表如下：

表 1-1　以"额"为语素组合构成的名词

研究者	名词										
彭睿	总额	—	—	—	—	—	—	—	—	—	—
王惠朱学峰	总额	差额	定额	金额	数额	—	—	—	—	—	—
周丽萍	总额	—	—	金额	—	—	—	—	—	—	—
陈永芳	总额	差额	定额	金额	数额	额度	额数	份额	—	—	—
张文庭	—	—	—	金额	—	额度	额数	—	票额	保额	余额
温锁林	—	—	定额	金额	—	—	—	—	—	—	—

[注：—表示没有出现该词语。]

从表 1-1 我们可以看出，每位研究者所举例词不同，数量也不同。特别是同样以《现代汉语词典》(第 5 版)为依据逐个词语筛选的陈永芳(2009)、张文庭(2012)，在判断一个以"额"为语素组合构成的名词是否属于斥量名词上，结论也差异很大。况且我们选取的仅仅是以"额"为语素组合构成的斥量名词的代表，如果扩大到每位研究者的全部例词和词表，那差别就更大了。

如果仅仅依据表 1-1 的分析，我们会很容易得出如下两条结论:词表中均出现的"差额"应该属于典型的斥量名词,即排斥数量短语直接修饰;所有词表中均没有出现的"全额"应该不属于斥量名词。但实际的情况是不是这样呢?我们以袁毓林等(2009:201)《汉语词类划分手册》中"差额"一词的名词隶属度分析为例进行说明。

"差额"对于名词的分布特征的适应情况:

(1) 可以受数量词的修饰。得 10 分。

例如:一部分～|一些～

(2) 不能受副词的修饰。得 20 分。

(3) 可以做典型的主语和宾语。得 20 分。

例如:～要补足。|煤的生产价格和销售价格之间的～越来越大。|用零钱补足了～。

(4) 可以做中心语受其他名词修饰,也可以做定语修饰其他名词。得 10 分。

例如:利息～|美中两国的贸易～被夸大了 50%。|～部分|～数量

(5) 可以后附助词"的"构成"的"字结构,然后做主语、宾语和定语。得 10 分。

例如:～的部分|～的数量不大。|这是一次～的选举。

(6) 可以后附方位词构成处所结构(然后做"在""到""从"等介词的宾语,这种介词结构又可以做状语或补语修饰动词性成分)。得 10 分。

例如:从～上发现了问题。

(7) 不能做谓语和谓语核心(所以,一般不能够带宾语,也不能受状语和补语的修饰,并且不能后附时体助词"着""了""过")。得 10 分。

(8) 不能做补语,一般也不能做状语直接修饰动词性成分。

得 10 分。

注意:"～选举"中,名动词"选举"表现出来的是其名词性的一面。

结论:名词,积分 100 分,隶属度 1.0,属于典型的名词。

从袁毓林等(2009)得出的结论——"差额"一词属于典型的名词,可知"差额"一词不属于我们提出的斥量名词,因为第一条判定标准"可以受数量词的修饰",袁毓林等(2009)认为可以,故该项得 10 分,而我们提出的斥量名词是排斥数量短语修饰的。他认为"差额"一词虽不能受个体量词、集合量词、容器量词等构成的数量短语直接修饰,但可以说"一些差额""一部分差额""一点差额"等。

这样一来,袁毓林等(2009)与彭睿(1996),王惠、朱学峰(2000),周丽萍(2002),陈永芳(2009),张文庭(2012),温锁林(2018)得出的结论完全相反,而且刘学敏、邓崇谟(1989:40)认为"差额"这个名词不但可以与量词搭配,而且明确列出了专用量词"个""种",以上互相对立的结论,让我们无所适从。所以我们认为,仅采取"能不能被数量短语直接修饰"这条标准判定某个词语是否属于斥量名词,是很难把握的,得出的结论会完全相反。因为不但人与人之间的语感差异大,而且语料库中出现的例句尚有一定可疑之处,依据语感的标准来判定,可操作性不强,这就促使我们寻求更为严谨可靠的语法形式即外在形式的标准或格式去验证某个词是否属于斥量名词。

一、何为数量名结构

由于我们研究的对象是不能被数量短语直接修饰的名词,因而有必要先简要说一下数量短语中的数词和量词以及数量名结构的情况。

4. 斥量名词的程度义

安危	本末	粗细	大小	高矮	功过
贵贱	好坏	快慢	冷暖	强弱	轻重
胜负	首尾	雌雄	边缘	表面	步伐
步履	脚步	年岁	青春	林木	星辰
行迹	旅途	门庭	面貌	教学	质量
交通	篇幅	金融	岁月	路途	学业

上述这类斥量名词从构词上看，主要是由正反语素对举构成，或者由类同语素并举构成，而且常常用于指称某一程度或某一概念，这类斥量名词常含有程度义。

这类斥量名词根据构词的不同还可以细分为两种类别：

A 类斥量名词由对立语素对举构成，常用于指称程度或概念，如：

安危	本末	粗细	大小	高矮	功过
贵贱	好坏	快慢	冷暖	强弱	轻重
胜负	首尾	雌雄			

B 类斥量名词由类同语素并举构成，常用于指称概念，如：

边缘	表面	步伐	步履	脚步	年岁
青春	林木	星辰	行迹	旅途	门庭
面貌	教学	质量	交通	篇幅	金融
岁月	路途	学业			

我们首先来考察 A 类含程度义的斥量名词。

除上述《无量名词举例》中列举的 A 类斥量名词外，由对立语素对举而构成的指称程度或概念的斥量名词还可以列举如下：

a_1 形语素＋形语素

| 深浅 | 长短 | 高低 | 厚薄 | 贫富 | 宽窄 |

(一) 数量短语中的"数词"

首先必须说明的是,数量短语中的"数"不仅仅限于数词,它还包括指示代词("这""那"等)、代词("每""某""本"等)和逻辑学中的量化词("半""全""满""整"等)等。

赵元任(2005/1979:257)在《汉语口语语法》里把这些放在量词前的全部类别统称为区别词,并把区别词分为四类:指示区别词("这""那""哪")、分疏区别词("每""各""别""旁""本""某""上""下"等)、数目区别词(数词)、量度区别词("一""满""全""整""半"等)。为避免与今天语法书上所指的区别词如"男""女""慢性""急性"等相混淆,我们在表述中仍采用最有代表性的"数词"的概念表示赵元任所说的所有"区别词"。

(二) 数量短语中的"量词"

本书的重点是从名量搭配的角度着眼研究斥量名词,所以我们对量词不进行深入探讨,但又免不了涉及量词。我们仍采用赵元任(2005/1979:263)在《汉语口语语法》里列举的量词九类的分类标准,并概括列举如下:

(1) 个体量词(类词):个体量词和名词中间不加"的",个体量词可重叠表遍指(例如"盏盏灯")。如"个""位""只""件""枚""朵(儿)""张""床""面""把"等。

(2) V-O中间的类词:如"写(一手)好字""做(一个)好官""下(一盘)棋"等。

(3) 集合量词:多数能带"的",如"排""副""套""串子/儿""挂""批""组""群""窝"等。

(4) 部分量词:形式同集合量词,但很少能重叠表遍指。如"些""份""部分""团""块""堆""片""层""把(儿)""段""点儿"等。

（5）容器量词：用容器量度，总数可以带"的"，如"盒（子/儿）""箱（子）""包""袋""瓶（子/儿）""杯""盘"等。

（6）临时量词：用范围或幅度来量度，限用"一"这一数词做区别词，取"全""满"义。如"身（子/儿）""头""脸""桌子""院子""地"等。

（7）标准量词：名副其实的量词。大多数能重叠表遍指，能带"的"。跟别类量词一样，双音的不能重叠。如"尺""寸""分""丈""里""斤""斗""匹"等。

（8）准量词：也叫自主量词。跟标准量词一样，后头可跟形容词：两年（那么）长、三站（那么）远。如"国""村""股""口""课""章""辈子""学期""星期"等。

（9）动量词：如"回""次""遍""趟""顿""声（儿）"等。

采用任何一家对量词的分类系统，对本书的研究对象——斥量名词都没有太大影响。因为量词的分类不同，对名词本身却影响不大。之所以选用赵元任（2005/1979：263）对量词的分类，是基于以下几点来考虑的：

一是赵元任先生的分类是从名量搭配的形式特征出发进行的分类。本书的研究也是从名量搭配的角度考察一类排斥数量短语修饰的名词。

二是相较于其他学者，赵先生的量词分类系统较为细致，而分类越细致，越有利于我们观察分析与量词搭配的名词。

三是这个量词分类系统与影响较大的《现代汉语八百词》的分类大同小异。

我们把赵元任（2005/1979：277）的"量词类型"原表也列出来，只略去了量词类别的英文字母简写。我们简单列表如下。

表1-2 量词类型

量词分类	不限于"一"	量词	可重叠	带"的"	后跟名词	可列举
个体量词	√	个	(√)	*	√	√
V-O中量词	√	句	(√)	( )	√	√
集合量词	√	行	(√)	( )	√	√
部分量词	√	堆	(*)		√	√
容器量词	√	锅	(*)	( )	√	*
临时量词	*	地	*	√	√	*
标准量词	√	尺	(√)	√	√	(√)
准量词	√	课	(√)	*	(√)	(√)
动量词	√	趟	(√)	*	(√)	√

[注:√表示可以,*表示不可;(√)表示多数可以,(*)表示少数可以。]

(三)数量名结构的类型

汉语名词的数量最多,赵元任(2005/1979:233)在《汉语口语语法》中指出:名词是个开放的类,词典里大部分是名词。名词不但比任何别的词类多,并且比别的词类加在一块儿还多。这当然不包括由数词和量词组成的临时词,那是数不尽的。

名词数量如此之多,名量关系又极为复杂,但数量修饰名词最常见的结构却是有限的,惠红军(2018)得出汉藏语系的数量名结构有四种:数量一致结构("数+量+名"结构、"名+数+量"结构)和数量分裂结构("名+量+数"结构、"量+名+数"结构)。根据惠红军(2018)的研究,汉语只有前两种,后两种存在于汉藏语系的藏缅语族、苗瑶语族、壮侗语族的语言中。如他总结出的:

数量一致结构中的"数+量+名"结构:如"两张嘴""五片肉""一条街"。

数量一致结构中的"名+数+量"结构:如"纸两张""肉五片""鸡两只"。

我们都知道,"数+量+名"结构是汉语中最常见的结构。但我们发现,除了上述"数+量+名""名+数+量"的基本结构以外,汉语中还有"数+量+名"结构的一些变异形式,我们可以总结如下:

"数量名+的+名"结构:如"两个师的兵力""半个身子的宽度"。

"数量+的+名"结构:如"一天的饮食""25 年的历程""100 次的极限""6 万册的数量"。

"数量+名"结构:如"一点得失""一种风采""两个关键""一个大局"。

"数+名"结构:如"两耳""两眼""一鼻子(灰)""一少年""一警察""14 万字"。

前三种结构及所举例子选自温锁林(2018),"数+名"结构及所举例子选自黄旻纯(2010)。

根据前人研究,由于"数+名"结构使用较为特殊,多为成语、惯用语、新闻标题或缩略语等,且我们提出的斥量名词一般也不能进入"数+名"结构,所以我们暂不讨论"数+名"结构。

综上所述,上述 5 种结构其实可以分为两类:

甲类:"数+量+名"结构、"名+数+量"结构。

乙类:"数量名+的+名"结构、"数量+的+名"结构、"数量+名"结构。

由于不能进入"数+量+名"结构的名词一般不能进入"名+数+量"结构,能进入"数+量+名"结构的名词同时能进入"名+数+量"结构,且"名+数+量"结构非汉语最具代表性的结构,所以我们以"数+量+名"结构为代表进行讨论。

一般不能进入甲类结构的名词,可以进入乙类结构。

为更简便直观地说明问题,我们设定如下一些标记,按照逻辑学中的关系进行概括:

(1) 能进入"数+量+名"结构的记作条件 A,不能进入的记作条件－A。

(2) 能在"数+量+名"结构中量词和名词之间带"的",记作条件 B,不能带"的",记作条件－B。

(3) "数+量+名"结构中量词能重叠表遍指的,记作条件 C,不能的,记作条件－C。

(4) "数+量+名"结构中数词不限于"一"的记作 D,限用"一"的记作－D。

(5) "∧"为形式逻辑中的合取关系,"∨"为析取关系,"±"表示两者皆可。

采取上述标记,我们可以把量词类型概括为表 1-3。

表 1-3 量词类型

量词的类型	结构中数词不限于"一"	能重叠表遍指	能带"的"
个体量词	D	(C)	－B
V-O 中量词	D	(C)	±B
集合量词	D	(C)	±B
部分量词	D	(－C)	±B
容器量词	D	(－C)	±B
临时量词	－D	－C	B
标准量词	D	(C)	B
准量词	D	(C)	－B
动量词	D	(C)	－B

通过以上表格的信息,我们再把设定的标记代入汉语常见的"数+量+名"结构,即可以得出汉语中"数+量+名"结构的5种类型,见表1-4。

表1-4 汉语"数+量+名"结构类型

序 号	类 型
1	D∧(C)∧−B
2	D∧(C)∧±B
3	D∧(−C)∧±B
4	−D∧−C∧B
5	D∧(C)∧B

这是我们将类型相同的"数+量+名"结构进行合并后得出的结果,即分为五种类型:

类型一:D∧(C)∧−B

类型二:D∧(C)∧±B

类型三:D∧(−C)∧±B

类型四:−D∧−C∧B

类型五:D∧(C)∧B

再转换回来,用大家习惯的方法表示汉语中的"数+量+名"结构的五种类型,如下:

类型一:数+个体/准/动量词+名

类型二:数+V-O中/集合量词+(的)+名

类型三:数+部分/容器量词+(的)+名

类型四:"一"+临时量词+的+名

类型五:数+标准量词+的+名

赵元任(2005/1979:277)的"量词类型"表上在"准量词"和"动量词"两栏的第五列"名词"都用了 * 表示,意味着虽然量词

里虽然有"准量词"和"动量词"这两种类别,但它们较为特殊:

第一,准量词直接跟在数词之后,不属于任何名词,后面一般也不需要跟名词。因此,类型一中的"数+准量词+名"实际上是不存在的,只存在"数+准量词"。因此,由于准量词后面一般不再搭配名词,我们研究的对象为名词,所以后面略去不谈。

第二,赵元任(2005/1979:276)指出,"动量词表示动作的次数"。但在研究中我们发现,很多斥量名词可以受动量词修饰,如上文提到了的2例"一次胜负"。所以动量词仍在我们讨论之列。

基于以上两点分析,为便于我们研究汉语中的斥量名词,我们将上述五种类型中"数+量+名"结构分为"数+个体量词+名"和"数词+动量词+名"。

表1-5　汉语中"数+量+名"结构的基本类型

分　类	结　构
类型一	数+个体/动量词+名
类型二	数+V-O中/集合量词+(的)+名
类型三	数+部分/容器量词+(的)+名
类型四	"一"+临时量词+的+名
类型五	数+标准量词+的+名

其中,类型一、类型二中的个体量词、V-O中量词、集合量词、动量词可以重叠表遍指,类型三、类型四中的部分量词、容器量词、临时量词一般不能重叠表遍指。

此外,类型一、类型二、类型三、类型五中的数词一般不受限制,类型四中的数词受限,限用"一"。

除上述基本结构外,汉语中还有四种"数+量+名"结构的变异结构,具体见表1-6。

表 1-6　汉语中"数+量+名"结构的变异类型

分　类	结　构
类型一	数+名
类型二	数量名+的+名
类型三	数量+的+名
类型四	数量+名

其中"数+量+名"结构与"数量+名"结构的区别在于：

第一，"数+量+名"结构为基本类型中的类型一。如：

一张桌子　两把椅子　一次胜负　一场生死

"数量+名"结构为变异类型。如：

一点得失　一种风采　两个关键　一个大局

第二，其中的量词数量不同，"数+量+名"结构的量词数量较多，"数量+名"结构中的量词非常有限，"种""个"本身就是特殊的量词，至于"点"是否为量词争议很大。

第三，量词能否重叠表遍指方面不同。"数+个体量词+名"结构的量词一般可以重叠表遍指。"数量+名"结构则不能。如：

一张张桌子　一把把椅子

"数+动量词"后一般不跟普通名词，可跟斥量名词，但其大多不能重叠表遍指。

二、何为斥量名词

(一) 何为普通名词

普通名词是能进入下列结构的名词：

(1) 数+个体量词+名。如：一张桌子、一把椅子。

(2) 数+V-O中/集合量词+(的)+名。如：(写)一手好字、(打)两圈麻将/一群羊、一堆土。

(3) 数＋部分/容器量词＋(的)＋名。如：一团纸、一把花生/一桶汽油、两抽屉的文件。

(4) "一"＋临时量词＋的＋名。如：一脸的汗、一桌子的菜。

(5) 数＋名词。如：两手、一酒鬼、三少年。

(二) 何为斥量名词

满足下列条件之一即为斥量名词：

条件1：不能进入上述"数＋量＋名"结构和"数＋名"结构的名词。

条件2：能进入下列结构的名词：

(1) 数＋动量词＋名。如：一场输赢、一两次得失。

(2) 数量名＋的＋名。如：两个团的兵力、十吨的销量、"10万＋"的浏览量。

(3) 数量＋的＋名。如：一个身子的宽度、两寸的厚度、2.7米的层高。

(4) 数量＋名。如：全身力气、半辈子历程。

需要附带说明的是以下三点：

第一，满足条件1，即不能进入"数＋量＋名"结构和"数＋名"结构的名词数量很多，它们也是构成斥量名词的主体。满足条件2的名词不仅数量较少，而且举出的例词也会受到普遍的质疑，这恰恰正是说明斥量名词本身就是排斥数量短语修饰的。

第二，"数＋量＋名"结构与"数＋名"结构的区别在于："数＋量＋名"结构中的"量词"可以重叠表遍指，"数＋名"结构中的量词不能重叠表遍指。个体量词、V-O中/集合量词可以重叠表遍指，容器量词、临时量词、动量词不能重叠表遍指。

"'一'+临时量词+的+名词"中的数词受限,其余一般不受限。

第三,前面我们已经提到,数量短语中的"数"不仅仅限于数词,它还包括指示代词("这""那"等)、代词("每""某""本"等)和逻辑学中的量化词("半""全""满""整"等)等,为简便表示,我们只用常见和典型的"数"代表。

以前语法学家对几类"特殊名词"如专有名词、时间名词、处所名词和方位名词的归属问题一直争论不休,有的认为应该独立为与名词并列的词类,有的则认为应该归入名词的次类。

如果着眼于名量之间的搭配关系这一标准进行划分,很显然名词只包括两大类别:普通名词和斥量名词,斥量名词包括专有名词、时间名词、处所名词和方位名词等。但为了集中笔墨,在本书中我们多讨论的为除专有名词、时间名词、处所名词和方位名词以外的斥量名词,如图1-1所示。

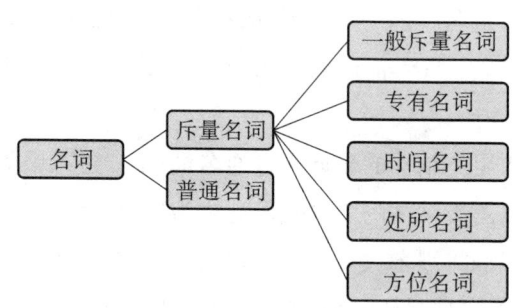

图1-1　斥量名词分类

(三) 绝对斥量名词和相对斥量名词

满足条件1的名词,即不能进入上述四种"数+量+名"结构和"数+名"结构的斥量名词和专有名词、时间名词、处所名词、方位名词等的斥量名词,统称为绝对斥量名词。

满足条件2的名词,即能进入"数+动量词+名"结构、"数量名+的+名"结构、"数量+的+名"结构、"数量+名"结构的斥量名词,称为相对斥量名词。

本书在讨论斥量名词时并没有过多涉及专有名词、时间名词、处所名词、方位名词等,一是因为这些名词学界已有较为深入的相关研究成果,关注度历来很高;二是为了集中笔墨讨论学界不被关注的斥量名词。

综上所述,斥量名词是不能进入"数+量+名"结构["数+个体量词+名""数+V-O中/集合量词+(的)+名""数+部分/容器量词+(的)+名'一'+临时量词+的+名"]和"数+名"结构,但偶尔可进入这些结构("数+动量词+名""数量名+的+名""数量+的+名""数量+名")的名词。

如果我们将"数+个体量词+名""数+V-O中/集合量词+(的)+名""数+部分/容器量词+(的)+名、'一'+临时量词+的+名"和"数+名"结构统称为甲类结构,将"数+动量词+名""数量名+的+名""数量+的+名""数量+名"结构统称为乙类结构,那么普通名词和斥量名词的定义可以简要概括为:

能进入甲类结构的名词是普通名词;不能进入甲类结构,但偶尔能进入乙类结构的名词我们称之为斥量名词。

下面我们将以前文提到的"有限度地接受数量词修饰的"(温锁林,2018)非量化名词"罪恶"为例进行说明,来判定"罪恶"一词是否属于斥量名词。

在CCL语料库检索系统(网络版),一共检索出"一种罪恶"有效例句59条、"两种罪恶"2条、"一项罪恶"2条、"这一罪恶"2条和"另一罪恶"1条,部分列举如下。

"一种罪恶"例句达59条,我们仅选其中一例,如下。

(20)但是我们现在那个最贫困的阶级的存在确是一种罪恶。(马歇尔《经济学原理》下)

"两种罪恶"2条,如下。

(21)爱情中有两种罪恶:战争与和平——贺拉斯。(《读者》合订本1991年珍藏版)

(22)人类经常要在两种罪恶之间做出抉择,这是人类所无法逃脱的命运。(《人口原理》)

"一项罪恶"2条,如下。

(23)"撒谎"能否构成一项罪恶是未定的,"不撒谎"能否构成一项美德也是未定的。(网络语料《评崔永元〈不过如此〉》)

(24)不过当国家违反了自己所制定的法律,而企图侵害个人权利的时候,如果公民还去盲从的话,那么就是一项罪恶了。(田中芳树著,蔡美娟译《银河英雄传说6·飞翔篇》)

"这一罪恶"2条,如下。

(25)这一罪恶始于1984年,他纠结无业人员林亮保等十余人……(《1994年报刊精选》)

(26)离开桑岛时,一场大雨如注,似像洗刷掉人类发展史中奴隶贸易这一罪恶。(《人民日报》1996年6月)

"另一罪恶"1条,如下。

(27)……他想起日本人的另一罪恶——有多少母与子,夫与妻,将受到无情的离异,与永久的分别!(老舍《四世同堂1》2012年,93页)

"一种罪恶"有效例句多达59条,这说明"罪恶"可以较为自由地受"一种"修饰,且数量名短语中数词非限用"一",因为出现了2例"两种罪恶"。另外,数量名短语中量词"种"可以替换为"项",因为出现了2例"一项罪恶"。"一种罪恶""两种罪恶""一项罪恶""这一罪恶""另一罪恶",说明"罪恶"可以受到数量短语(包括指量短语)的修饰,但其自由度是否超出温文所说的"有限度地接受数量词修饰"中的"限度"?

对于前人研究不能解决的问题,我们尝试使用我们对斥量名词的鉴定格式予以判定。

我们采用对斥量名词界定的格式判定"罪恶"一词是否属于斥量名词。首先来看能否进入甲类结构。由于赵元任将"条"归入个体量词,将"种"归入集合量词,我们仍遵循此分类方法:

(1) 数+个体量词+名,如:一项罪恶、一条罪恶

(2) 数+V-O 中/集合量词+(的)+名,如:一种罪恶、两种罪恶

可以说"一项罪恶、一条罪恶、一种罪恶、两种罪恶",说明"罪恶"一词可以进入"数+个体量词+名"和"数+集合量词+(的)+名"结构。而且可以说"种种罪恶",说明量词可以重叠表遍指义(能否说"一项项罪恶"存疑)。

结论:能进入甲类结构,这不符合我们对斥量名词的界定。因而,"罪恶"一词不属于斥量名词。

---

① 注:本书绝大部分语料均来自国家语委语料库或北京大学中国语言学研究中心 CCL 语料库。故不排除存在旧词现象。

第二章　斥量名词的构词语素与构词特征

第一节　斥量名词的构词语素

本章我们主要从词汇学的角度来分析斥量名词内部的构词语素、斥量名词所蕴含的词义特征，以及斥量名词的构词特征等方面的问题。

一、斥量名词的构词分析

（一）斥量名词的构词结构分析

1. 偏正式构词

大部分斥量名词的两个构词语素之间为偏正关系。如：

二老	双方	两头	三围	四邻	五官
五指	半路	全省	听众	群众	比率
差额	产量	产值	词频	次数	次序
电量	电力	度数	饭量	芳龄	风量
风速	幅度	高度	高温	功率	含量
航程	厚度	剂量	心术	心窝	心胸

2. 并列式构词

另有一部分斥量名词的两个构词语素之间为并列关系。如：

安危	粗细	大小	高矮	贵贱	好坏
快慢	冷暖	强弱	轻重	胜负	本末

功过	首尾	雌雄	兴亡	未来	存亡
聚散	输赢	买卖	生死	风尘	风月
肝胆	河山	江河	江湖	江山	口齿
脉络	眉宇	山川	山河	水土	岁月
谈吐	土木				

(二) 斥量名词的构词语素分析

1. 含表数语素

一部分斥量名词含有表"数"的构词语素。如：

一线	一生	一对	二线	二者	二手
二流	二老	双方	双亲	双轨	双学位
双语	两极	老两口	小两口	两重性	两头
两翼	三线	三秋	三餐	三伏	三维
三围	三高	三军	四邻	四肢	四周
四声	四季	四围	四处	四郊	四海
四方	五官	五脏	五行	五谷	五更
五线谱	五味	五指	五毒	五音	

上述这些斥量名词一般含有"一""二""双""两""三""四""五"等表"数"的构词语素。

2. 含量化词语素

一部分斥量名词含有逻辑学中的量化词作为构词语素。如：

半路	半途	半夜	半价	半空	半生
半世	半辈子	半数	全省	全国	全家
全民	全球	全村	全场	全班	全校
全集	全貌	全文	全套	列兵	列阵
列宾	列支	民众	听众	万众	众口

僧众　　众家　　众位　　众怒　　群众　　群落
群岛　　群山　　群星

这些斥量名词一般含有"半""全""列""众""群"等量化词作为构词语素。

3. 含对立义语素

部分斥量名词由对立意义的语素作为构词语素。如：

安危　　粗细　　本末　　功过　　兴亡　　得失
是非　　黑白　　对错　　方圆　　胜负　　深浅
长短　　高低　　厚薄　　贫富　　宽窄　　松紧
冷热　　多少　　首尾　　雌雄　　阡陌　　前后
上下　　左右　　古今　　男女　　阴阳　　恩怨
兴亡　　未来　　存亡　　聚散　　输赢　　买卖
出入　　起伏　　开关　　死活

这些斥量名词一般由意义对立的形容词（如安—危、粗—细）、名词（如本—末、功—过）、动词（如兴—亡、得—失）作为构词语素进行构词。

根据斥量名词内部两个构词语素语法性质的不同，这种含对立义语素的斥量名词又可以细分为如下三种类型。

（1）形语素＋形语素

安危　　粗细　　大小　　高矮　　贵贱　　好坏
快慢　　冷暖　　强弱　　轻重　　胜负　　深浅
长短　　高低　　厚薄　　贫富　　宽窄　　松紧
冷热　　多少　　黑白　　对错　　方圆　　优劣
好歹　　明暗　　远近　　利害　　雅俗　　早晚
盈亏　　虚实　　异同　　真假　　盛衰　　浓淡
成败　　正邪　　喜怒　　哀乐　　真伪　　胖瘦
多寡　　肥瘦　　始末　　是非　　冷暖　　老少

(2) 名语素＋名语素

本末	功过	首尾	雌雄	阡陌	前后
上下	左右	古今	男女	阴阳	中外
始终	恩怨	天地	矛盾	里外	源流
广袤	宾主	城乡	肺腑	肝胆	

(3) 动语素＋动语素

兴亡	往来	存亡	聚散	输赢	买卖
出入	起伏	开关	死活	动静	得失
生死					

4. 含属性义语素

比率	差额	产量	产值	词频	次数
次序	电量	电力	电热	定额	定员
度数	饭量	芳龄	分量	份额	风量
风速	幅度	高度	高温	个儿	个头
功率	含量	航程	厚度	几率	剂量
金额	可见度	客流量	宽度	年龄	年限
浓度	起价	气温	气压	容积	容量
升幅	时速	时限	食量	数量	数额
水深	岁数	体重	温差	温度	音量
音律	音速	音域	账面	总额	总价
总量	总值	流量	炉温	兵力	光速
规模	官价	原价	广度		

这些斥量名词蕴含"长""宽""高""深""重""量""额""价""差"等表示物体属性意义的语素，由属性义语素组合，构成斥量名词。

(三) 斥量名词的词义特征分析

根据斥量名词所具词义特征的不同，我们可以把斥量名词粗略地分为三大类：含数量义的斥量名词、含属性义的斥量名词、含特定义的斥量名词。

我们暂时还是选用王惠、朱学峰（2000）所著中《附录2　无量名词举例》列举的词语为例进行说明。此附录中一共涉及251个词语，每行列举10个，共26行。

在附录二，我们已将行文过程中所列举的除王惠、朱学峰（2000）《附录2　无量名词举例》中的251个词语以外增补的斥量名词悉数列出，供后来研究者使用。如下：

安危	败绩	褒义	辈分	本分	本末
本文	本土	本意	本职	比率	笔触
笔力	笔者	边缘	表面	兵力	秉性
病况	病情	病榻	步伐	步履	苍穹
苍天	差额	产量	产值	长女	常态
成色	初衷	词频	雌雄	次数	次序
粗细	大地	大局	大势	大小	大意
大众	当局	地利	地面	地域	电量
电力	电热	电信	爹妈	定额	定员
度数	饭量	芳龄	分量	份额	风尘
风量	风速	风月	幅度	福音	肝胆
高矮	高度	高温	个儿	个人	个头
公家	公众	功过	功率	固态	官方
官府	官价	光速	广度	规程	规模
贵处	贵贱	国别	国度	国魂	国库
国门	国民	国威	国运	含量	航程
航天	航运	好坏	河面	河山	河运
洪福	鸿运	后话	后账	厚度	厚望
寰球	火势	几率	剂量	佳境	佳音

家境	家世	江河	江湖	江山	疆场
交通	骄阳	脚步	教学	金额	金融
近景	近况	进程	军婚	军容	军心
可见度	客流量	口碑	口齿	苦衷	快慢
宽度	来势	冷暖	黎民	历程	列国
列强	劣势	林木	流量	炉温	路途
旅途	脉络	眉宇	门第	门庭	面貌
民心	民众	目力	年景	年龄	年岁
年限	浓度	女色	匹夫	篇幅	起价
气温	气压	强弱	襁褓	青春	轻重
轻装	秋波	全程	全局	全文	权限
人类	人民	人体	容积	容量	山川
山河	上文	升幅	胜负	时局	时速
时限	食量	市面	首尾	数量	数额
水深	水土	水准	四邻	四肢	岁数
岁月	谈锋	谈吐	体重	天年	天色
天涯	天意	土木	外貌	温差	温度
五官	物欲	现况	小康	心地	心境
心术	心窝	心胸	星辰	行迹	性别
雄兵	学业	衣冠	异乡	音量	音律
音速	音域	原籍	原价	原样	原址
账面	正比	政界	质量	众怒	众人
拙见	总额	总价	总量	总值	

根据词义特征,我们把上述列出的词语大致可以分为如下三类:

1. 含数量义斥量名词

四邻　四肢　五官　列国　列强　民众

全程　全局　全文　众怒　众人　黎民
大地　大局　大势　大众　公众　人类

2. 含属性义斥量名词

比率　差额　产量　产值　词频　次数
次序　电量　电力　电热　定额　定员
度数　饭量　芳龄　分量　份额　风量
风速　幅度　高度　高温　个儿　个头
功率　含量　航程　厚度　几率　剂量
金额　可见度　客流量　宽度　年龄　年限
浓度　起价　气温　气压　容积　容量
升幅　时速　时限　食量　数量　数额
水深　岁数　体重　温差　温度　音量
音律　音速　音域　账面　总额　总价
总量　总值　流量　炉温　兵力　光速
规模　官价　原价　广度

3. 含特定义斥量名词

特定义具体来讲包括隐喻义、色彩义、单一义、程度义。

(1) 含隐喻义斥量名词

风尘　风月　肝胆　江河　江湖　江山
口齿　脉络　眉宇　门第　褴褛　山川
山河　水土　土木　心窝　心胸　衣冠
谈吐　河山　秋波　天色

(2) 含色彩义斥量名词

败绩　褒义　病况　病情　病榻　常态
福音　国魂　国威　国运　洪福　鸿运
厚望　佳境　佳音　骄阳　口碑　苦衷
后账　劣势　轻装　谈锋　天年　小康

| 心术 | 雄兵 | 拙见 | 地利 | 物欲 | 女色 |
| 匹夫 | | | | | |

(3) 含单一义厎量名词

苍穹	苍天	寰球	辈分	长女	爹妈
本文	笔者	贵处	上文	当局	电信
官方	官府	公家	国门	国民	航天
航运	河运	河面	国别	国度	国库
军婚	军容	军心	人体	时局	市面
原籍	原样	原址	性别	政局	家境
家世	疆场	近景	近况	进程	异乡
正比	本土	现况	个人	固态	秉性
外貌	地面	本意	本职	本分	笔触
笔力	成色	初衷	大意	地域	规程
后话	火势	来势	历程	民心	目力
年景	权限	水准	天涯	天意	心地
心境	人民				

(4) 含程度义厎量名词

安危	本末	粗细	大小	高矮	功过
贵贱	好坏	快慢	冷暖	强弱	轻重
胜负	首尾	雌雄	边缘	表面	步伐
步履	脚步	年岁	青春	林木	星辰
行迹	旅途	门庭	面貌	教学	质量
交通	篇幅	金融	岁月	路途	学业

二、厎量名词的词义特征

(一) 厎量名词的数量义

含数量的名词如:

四邻	四肢	五官	列国	列强	民众
全程	全局	全文	众怒	众人	黎民
大地	大局	大势	大众	公众	人类

一部分斥量名词如上面列举的"四邻""四肢""五官"等,词语内部含有明确的"四""五"等数词语素,即表示数量意义的语素,蕴含数量义。

另一部分斥量名词如上面列举的"列国""列强""民众""全程""全局""全文""众怒""众人""黎民""大地""大局""大势""大众""公众""人类"等,虽没有直接的数词语素,但含有"列""众""全""大"等构词语素,这些语素一般表示"全""多"义。从认知的角度看,这种"全""多"义可以看作是广义上的表示数量义的语素。所以我们把这些斥量名词与含有数词语素的斥量名词归为一类,因为它们都蕴含数量义。

除王惠、朱学峰(2000)所著中《附录2 无量名词举例》列举的词语外,含有明确数词语素的斥量名词还可以列举如下:

半路	半途	半夜	半价	半空	半生
半世	半辈子	半数	一线	一生	一对
一言堂	一维	一斑	一带	一旁	一辈子
一端	二线	二者	二手	二婚	二流
二老	两极	老两口	小两口	两重性	两头
两翼	三线	三秋	三餐	三伏	三维
三围	三高	三军	四周	四声	四季
四围	四处	四郊	四海	四方	五脏
五行	五谷	五更	五线谱	五味	五指
五毒	五音	五彩	七彩	七七	七窍
七情	七十二行		八辈子	八斗才	八方
八节	八字	九重霄	九地	九泉	九天

九霄　　九州　　九族　　千秋　　千古　　千金①
千夫　　万代　　万世　　万福　　万方　　万古
万国　　万机　　万籁　　万民　　万难　　万事
万物　　万象　　万众

需要指出的是，这里的"千金"指很多的钱，如：一字值千金。当"千金"作为敬辞，用于称呼别人的女儿时，不属于斥量名词。

除王惠、朱学峰（2000）所著中《附录2　无量名词举例》列举的词语外，含有广义数量意义语素的斥量名词可以列举如下：

全省　　全国　　全家　　全年　　全民　　全球
全村　　全场　　全班　　全人类　全会　　全校
全盘　　全书　　全集　　全貌　　全文　　全套
全体　　全线　　全景　　全境　　全员　　全市
全县　　全城　　全称　　全片　　全篇　　全数
全速　　全价　　全日　　全列　　全日制　列兵
列阵　　列宾　　列支　　双方　　双亲　　双轨
双学位　双语　　民众　　听众　　万众　　众口
僧众　　众家　　众位　　众怒　　群众　　群落
群岛　　群山　　群星　　群体　　群峰　　群臣
群团　　群舞　　群婚　　群雄　　群芳　　群情
群氓　　群像　　群英　　人群　　鱼群　　羊群
狼群　　蜂群　　雁群　　马群　　鸟群　　星群
句群　　畜群　　大家　　大伙　　大自然　大宗
大口　　大门口　大陆　　大洲　　大同　　大旱
大势　　大漠　　大后方　大西北　大全　　总额
总数　　总值　　总体　　总产值　总称　　总队
总纲　　总公司　总和　　总后方　总目　　总星系
总悬浮颗粒物　总则　　总支　　总部　　多数

多极	多云	多糖	多胞胎	多层	多媒体
繁星	繁花	周身	周遭	周边	周围
环球	环线	环衬	重洋	重围	重影
初春	初秋	初冬	初夏	初稿	初恋
初期	初心	初雪	初夜	初潮	初年
初叶	中叶	末叶	浑身	满口	满门
满眼	满嘴	人们	乡亲们	首位	首席
终年①	终生				

斥量名词一般不能与量词搭配使用,但在语料库中我们也检索出了极个别的与量词搭配使用的例句。

他们认为,两个原始人群相遇后,不可避免地要发生冲突和斗争,直到一个人群战胜了另一个人群并对他们进行统治为止。

我们认为这里"一个……另一个……"是在对举的情况下使用的,如果单用的话,一般不能说"一个人群",所以我们还是把"人群"列入斥量名词。

(二) 斥量名词的属性义

比率	差额	产量	产值	词频	次数
次序	电量	电力	电热	定额	定员
度数	饭量	芳龄	分量	份额	风量
风速	幅度	高度	高温	个儿	个头
功率	含量	航程	厚度	几率	剂量
金额	可见度	客流量	宽度	年龄	年限
浓度	起价	气温	气压	容积	容量
升幅	时速	时限	食量	数量	数额
水深	岁数	体重	温差	温度	音量

音律	音速	音域	账面	总额	总价
总量	总值	流量	炉温	兵力	光速
规模	官价	原价	广度		

这些斤量名词一般表示物体的体积、面积、重量、质量、价格等属性。对于这种属性我们可以利用形容词的程度性对其进行模糊计量,也可以利用数字和数值的准确性对其进行精确计量。如:

差额很大　　　　气温很高　　　　原价比较贵
差额高达一百万元　最高气温达到 39 度　原价 436 元一双

可以说"差额很大""气温很高""原价比较贵",同样也可以说"差额高达一百万元""最高气温达到 39 度""原价 436 元一双"等,前者体现了物体属性的量化属性,后者体现了物体的模糊属性。

这类斤量名词在构词上其语素很有特色,按照其构词上语素的特点我们可以进行类推而归纳为:

—量:	产量	电量	饭量	分量	风量	含量
	剂量	客流量	容量	食量	数量	音量
	总量	流量				
—度:	幅度	高度	厚度	可见度	宽度	浓度
	温度	广度				
—价:	起价	总价	官价	原价		
—值:	产值	总值				
—额:	差额	定额	份额	金额	数额	总额
—率:	比率	功率	几率			
—数:	次数	度数	岁数			
—速:	风速	时速	音速	光速		
—温:	高温	气温	炉温			

—龄：芳龄　　年龄　　学龄

还有大量的以这种构词方式、以相似语素构成的斥量名词,王惠、朱学峰(2000)所著中《附录2　无量名词举例》没有列出,我们可以补充列举如下：

—量：

热量	重量	降水量	变量	水量	储量
计量	总产量	雨量	分量	劳动量	销售量
工作量	矢量	消费量	信息量	生产量	需求量
含水量	供应量	发行量	发电量	供给量	年产量
血量	肺活量	降雨量	当量	云量	出口量
含氧量	运动量	销量	运输量	存量	排放量
气量	客运量	用电量	收购量	亩产量	排水量
酒量	音量	使用量	食用量	投放量	交易量
限量					

—度：

速度	强度	密度	长度	深度	纬度
湿度	精度	刻度	硬度	坡度	力度
透明度	纯度	亮度	量度	热度	密度
精确度	跨度	准确度	能见度	饱和度	黏度
额度	清晰度	烈度	精密度	弧度	盐度
频度	色度	维度	斜度	酸度	倾斜度
敏感度					

—价：

物价	差价	售价	定价	估价	股价
粮价	加价	提价	身价	牌价	造价
地价	低价	底价	成本价	单价	进价
平价	报价	收购价	限价	现价	折价

标价　　批发价　　全价　　汇价　　房价　　会员价

—值：
价值　　数值　　平均值　　绝对值　　年产值　　比值
币值　　面值　　市值　　原值　　附加值

—额：
销售额　投资额　余额　　份额　　限额　　营业额
全额　　面额　　贸易额　成交额　税额　　零售额
配额　　出口额　小额　　大额　　交易额　进口额

—率：
效率　　频率　　生产率　速率　　概率　　利润率
增长率　利率　　利用率　税率　　发病率　死亡率
汇率　　成活率　生产率　分辨率　心率　　升学率
覆盖率　出生率　折旧率　有效率　失业率　成功率
圆周率　吸收率　犯罪率　合格率　回收率　命中率
患病率　感染率　占有率　普及率　治愈率　生育率
周转率　热效率　能率　　收益率　入学率　离婚率
递增率　转化率　几率　　准确率

—数：
总数　　系数　　参数　　指数　　基数　　序数
算数　　位数　　天数　　倍数　　对数　　倒数
平均数　户数　　级数　　字数　　安全系数
钱数　　号数　　少数　　多数

—速：
流速　　声速　　车速　　航速　　船速

—温：
体温　　水温　　常温　　室温　　地温

—龄：
工龄　　学龄　　树龄　　党龄　　婚龄　　驾龄
教龄

除以上列举外，王惠、朱学峰(2000)所著中《附录2　无量名词举例》余下的斥量名词还有：
词频　　次序　　电力　　电热　　定员　　个儿
个头　　航程　　年限　　气压　　容积　　升幅
时限　　水深　　体重　　温差　　音律　　音域
账面　　兵力　　规模

余下的这部分斥量名词其构词看似无规律，其实通过考察我们发现，也有大量的斥量名词与此一致，只是《附录2　无量名词举例》没有列举出。我们在保持后一语素不变的情形下，也可以列举出较多以相同语素构词的斥量名词：

—重：
体重　　净重　　毛重　　负重　　比重　　载重
总重　　增重

—频：
词频　　步频　　音频　　高频　　低频　　射频

—差：
温差　　时差　　房差　　顺差　　逆差　　误差
偏差　　级差　　落差　　视差　　价差

—限：
年限　　时限　　期限　　上限　　权限　　下限

—压：
气压　　水压　　电压　　眼压　　血压　　低压
高压　　脉压　　端压　　地压　　负压　　偏压

—幅：
升幅　　涨幅　　振幅　　降幅　　篇幅　　调幅

—深：
水深　井深　景深　进深　纵深
—积：
容积　体积　面积　乘积
—力：
电力　兵力　阻力　动力　摩擦力　升力
生产力　压力　重力　体力　引力　财力
磁力　购买力　风力　气力　摩擦力　水力
拉力　热力　视力　弹力　马力　国力
浮力　离心力　反作用力　核力　牵引力　冲力
吸力　军力　冲击力　药力　记忆力　气力
眼力　战斗力
—域：
音域　水域　海域　领域　疆域　流域
异域
—程：
航程　车程　旅程　行程　射程　冲程
路程　病程　日程　规程　里程　远程
中程　近程　赛程　短程
—高：
身高　层高　楼高　塔高　树高　坐高
音高
—长：
体长　身长　车长　时长　片长　周长
—宽：
肩宽　幅宽　带宽　路宽
—期：
行期　限期　青春期　潜伏期　花期　成熟期

工期　　汛期　　霜期　　哺乳期　　刑期　　经期
妊娠期　暑期　　高峰期　发育期　　发情期　更年期
幼儿期　成长期　有效期　会期　　　枯水期　汛期
婚期　　孕期　　存期　　预产期　　老年期　中晚期
中后期　保修期
—围：
胸围　　腰围　　臀围　　头围
—点：
熔点　　沸点　　燃点　　临界点　　凝固点
—级：
风级　　量级　　星级　　品级　　　部级　　处级
科级　　密级
—向：
风向　　朝向　　走向
—辰：
寿辰　　诞辰　　生辰
—间：
期间　　民间　　人间　　田间　　　乡间　　世间
山间　　阴间　　阳间　　席间　　　课间
—距：
间距　　行距　　焦距　　边心距　　车距
—能：
热能　　动能　　电能　　智能　　　太阳能　原子能
势能　　光能　　水能　　风能
耗能　　体能
—性：
思想性　科学性　创造性　可能性　　阶级性　稳定性

普遍性　代表性　客观性　真实性　特殊性　一致性
药性　　艺术性　针对性

—权：

所有权　经营权　兵权　　军权　　王权

—年：

终年②　时年　　殁年　　周年

如保留前一语素不变,也有一些用类似的方法构成的斥量名词。如：

高度　　高温　　高压　　高空　　高速　　高价
高额　　高位　　高薪　　高见　　高寿　　内政
内心　　内网　　内功　　内海　　内贸　　内难
内地

而且这些斥量名词一般也有相对应的反义语素构成的斥量名词：

高温—低温　高压—低压　高空—低空　高速—低速
高价—低价　高位—低位　高薪—低薪　内网—外网
内功—外功　内海—外海　内贸—外贸　内难—外难
内地—外地

只有少数斥量名词没有相对应的反义语素构成的斥量名词,如"高度""高额""高寿"等等。

(三) 斥量名词的特定义

1. 斥量名词的隐喻义

《附录2　无量名词举例》中含隐喻义的斥量名词有：

风尘　　风月　　肝胆　　江河　　江湖　　江山
口齿　　脉络　　眉宇　　门第　　襁褓　　山川
山河　　水土　　土木　　心窝　　心胸　　衣冠

谈吐　　河山　　秋波　　天色

含有隐喻义的斥量名词除上述列举的词语之外,我们增补的有:

迷途　　脑海　　前线　　身手　　视野　　眼帘
夜幕　　铁窗　　星火　　牙床　　文坛　　诗坛
影坛　　体坛　　足坛　　篮坛　　艺坛　　医坛
政坛　　雨露　　前尘　　红尘　　风尘　　尘世
手笔　　手头　　睡乡　　梦乡　　咽喉②　烟火②
佛门　　嗓门　　肛门　　衙门　　脑门　　心地
心机　　心坎　　心头　　头脑

需要说明的是,这里的"隐喻"是泛称,仅仅是为了便于称说,包括认知语言学中所说的转喻和隐喻。

转喻的如"身手",用"身手"转喻"本领","铁窗"用于转喻"囚牢"等。隐喻的如"脑海",用"海"隐喻思想、记忆的器官容量之大,"艺坛""政坛""足坛"等用"坛"隐喻文体方面某些职业、专业活动领域或场所,等等。

另外,还有一些词语与含转喻义的斥量名词构词的方式相类似,如:

麦浪　　林海　　结晶　　秋波　　人烟

上述这些词语也含有转喻义或隐喻义,如:

林海:像海洋一样一望无际的森林。茫茫～。[《现代汉语词典》(第7版),824页]

"林海"将"一望无际的森林"隐喻为"海洋"。

人烟:住户的炊烟,借指人家或住户。(同上,1100页)

"人烟"用"住户的炊烟"转喻"住户"。

尽管王惠、朱学峰(2000)所著中《附录2　无量名词举例》中也将"秋波"一词收录在内,但偶尔可见"麦浪""林海""结晶"

"秋波""人烟"等斥量名词受数量短语修饰即进入乙类结构的情况,只不过例句极少,占比较低,有的甚至是孤证。以下是我们统计的结果。

关于"麦浪",在 CCL 语料库共检索到 110 条,直接受"一片"修饰的有 1 条。

(1) 在一片麦浪中,屹立着一棵菩提树的高大身影。(《人民日报》1993 年 3 月)

"林海"在 CCL 语料库中共检索到 1 111 条,直接受"一片"修饰的有 5 条。

"结晶"在 CCL 语料库共检索到 2 636 条,直接受"一个"修饰的有 6 条。

"秋波"在 CCL 语料库共检索到 211 条,直接受"一个"修饰的有 6 条。

"人烟"在 CCL 语料库共检索到 1 049 条,直接受"一处"修饰的仅 2 条。

(2) 8 000 多平方公里才 3 万多人,车行数十里,难见一处人烟。(《人民日报》1996 年 10 月)

(3) 这条路都是高山峻岭,十分艰险,往往走一天看不见一处人烟。(姚雪垠《李自成·第二卷》)

"林海""脑海""火海""星海""花海""云海""竹海""烟海"等,这些斥量名词都是以隐喻的方式构词的,但偶尔可见其中部分斥量名词被数量短语直接修饰,如"火海"也可以说"一片火海",那"火海"是不是属于斥量名词?

虽然可以说"一个秋波",但一般不能说"两个秋波""三个秋波";虽然可以说"一片火海",但一般不能说"两片火海""三片火海"。也就是说这些数量名短语中的数词是受到限制的。

《现代汉语八百词》也注意到了这种现象,其列出的数词受限制的数量名短语还有：

一把鼻涕　　一席话　　　一番话

一丝笑容　　一副笑容　　一片心意　　一番心意

我们以量词"片"为例，分析这类数词受限制的数量短语。

先来看《现代汉语八百词》里列出的能搭配"片"的名词共有10个：

一片草　　　一片地　　　一片肉　　　一片森林

一片瓦　　　一片心意　　一片血　　　一片雪

一片药　　　一片纸

根据名词的语义特征，我们把这10个数量短语大致可以分为三组：

A：一片肉　　一片瓦　　　一片药

B：一片草　　一片地　　　一片森林　　一片血

　　一片雪

C：一片心意

除上述列举的《现代汉语八百词》里的例子以外，量词"片"可以修饰的数量短语补充如下：

A：一片树叶　一片花瓣　　一片西瓜　　一片面包

　　一片药　　一片肉　　　一片瓦　　　一片纸

B：一片蓝天　一片天空　　一片废墟　　一片汪洋

　　一片草地　一片草　　　一片地　　　一片森林

　　一片血　　一片雪

C：一片丹心　一片赤诚　　一片心意　　一片真心

　　一片欢腾

首先，我们观察三组结构中的数词。

A组中的数词可以用其他数词替换，可以说"两片树叶""三片花瓣""四片西瓜""五片面包""六片药"……也可以用"几"替换,"几片树叶""几片花瓣""几片肉"……而 B 组、C 组中的数词却仅限于使用数词"一",一般也不能用"几"替换,也就说 B、C 两组数量短语中的数词是受到限制的,限用数词"一"。

其次,我们来看三组结构中量词与名词之间是否具有语义搭配关系。

从人的认知上讲,"片"指的是平而薄的东西,形状上具备平而薄的特点的有界名词一般都可以受"片"修饰,也就是说"片"与"树叶""花瓣""西瓜""面包""药""肉""瓦""纸"之间有一定的语义搭配关系,所以"片"也可以作为构词语素与这些有语义搭配关系的语素组合成"叶片""西瓜片""面包片""药片""肉片""瓦片""纸片"等名词。但 B 组、C 组中"片"与"蓝天""废墟""汪洋""草地""丹心""心意""欢腾"等之间没有语义搭配关系,人们在说"一片蓝天""一片天空""一片废墟"时仅仅是借用"片"这个量词,实现修辞的意义和作用,并不是像"两片树叶""三片花瓣""四片西瓜""五片面包""六片药"等是真正意义上的计数。

再次,我们来看三组结构中名词所代表的事物的不同。

A 组"一片树叶""一片药""一片面包"……中名词所代表的事物往往是形体上不太大的事物,这些事物从认知上看是有形的(平的、薄的、面积小的),具体的,有界。B 组中"蓝天""天空""废墟""汪洋""草地"等名词所代表的事物从认知上看是有形的(平的、薄的、面积较大的),具体的,无界的。C 组"丹心""赤诚""心意""真心""欢腾"所代表的通常不是事物,而是一种抽象的概念,我们可以说 C 组中名词所代表的是无形的、抽象的、无界的概念,借用量词"片"可以把认知上这些无界的概念转换为有界的事物,也就是说,认知上较为抽象的概念通过数量短语的修饰和限制可以转换为类似于指称个体的事物,但我们认为这里的个体与一般名词如"树叶""花瓣""西瓜""面包"等名词所代表的个体有别。

黄兵的《数量有限制的数量名结构》一文将"带""线""丝""缕""叶""汪""泓"等量词称为形状型量词,将"撮""抹""摊"等量词称为动状型量词,由于这两种量词形象性特别强,因此被称为强形象性量词。强形象性量词对数词都是有限制的,量词与名词之间常常是比喻关系,"一线天空""一叶扁舟"都是"数词＋量词(喻体)＋名词(本体)"的结构。"数量＋抽象名词"结构的特征是,数量名结构带有主观量(如"一把年纪"带有主观大量,"一线生机"带有主观小量),名词性成分带有感情色彩("一线生机"中"生机"含有褒义,"一脸稚气"中"稚气"含有贬义),名词性成分经常是复杂形式(如"一副疲惫的神色""一番深峻的气象")。

最后,我们观察三组结构是否有主观量。

在黄文的启发下,我们还发现 A 组数量短语含有一定的主观量。表示主观小量,是对名词所代表的事物的计数,因此常常可以说"一小片西瓜""一小片面包""一小片肉""一小片纸"。而表示主观较大的量时,常常说"一大块西瓜""一大块面包""一大块肉""一大堆纸"。B 组数量短语含有主观量,且表示主观大量,因此也可以说"一大片草""一大片地""一大片草地""一大片废墟""一大片森林""一大片血""一大片雪"。C 组数量短语也含有主观大量,"一片心意"是言心意之大,虽然不可以说"一大片心意"等。

三组由量词"片"构成的数量名短语的特点可以总结为如下五条:

第一,A 组中数词可自由替换,B 组、C 组数词一般限用"一"。

第二,A 组量词与名词之间有语义搭配关系,B 组、C 组无语义搭配关系。

第三,A 组名词所代表的事物在认知上是有形的(平的、薄的、面积小的),具体的,有界的;B组中名词所代表的事物是有形的(平的、薄的、面积较大的),具体的,无界的;C组名词所代表的是无形的、抽象的、无界的概念。

第四,A组数量短语含有主观小量,B组、C组含有主观大量。

第五,A组中的"数量"是对名词的计数,B组、C组的"数量"只是起到修辞作用。

从这里也可以看出以"片"为代表的形状量词与数词结合后所修饰限制的名词所代表的事物的变化,这种变化同时反映了人们在认知上所遵循的扩散规律:

有形的、具体的、有界的＞有形的、具体的、无界的＞无形的、抽象的、无界的

换言之,形状量词搭配的名词所代表的事物是从具体到抽象的方式进行的单向扩散,即从离散的、有形的空间实体到抽象实体,再从抽象实体到抽象概念的扩散。

通过以上分析,我们主张把B组、C组短语中的名词归入斥量名词。也就是说上文提到的"麦浪""林海""结晶""秋波""人烟"这类词我们归入斥量名词。

2. 斥量名词的色彩义

败绩	褒义	病况	病情	病榻	常态
福音	国魂	国威	国运	洪福	鸿运
厚望	佳境	佳音	骄阳	口碑	苦衷
后账	劣势	轻装	谈锋	天年	小康
心术	雄兵	拙见	地利	物欲	女色
匹夫					

这些斥量名词含有一定的色彩义或评价义。

其中含有色彩义的斥量名词,如:

败绩　　国魂　　骄阳　　口碑　　女色

从词义特征上看,这类含有色彩义的斥量名词大多具备三个特点:

第一,绝大部分含有色彩义的斥量名词具有一定的感情色彩,即褒贬色彩,有主观评价义。

第二,大部分含有色彩义的斥量名词具有一定的语体色彩,而且多为书面语色彩。

第三,一部分含有色彩义的斥量名词有与其褒贬色彩相反的词语。

首先,我们来看这些含有色彩义的斥量名词褒贬色彩的不同。

含有贬义色彩的斥量名词,如:

败绩　　病况　　病情　　病榻　　骄阳　　苦衷
后账　　劣势　　心术　　物欲　　女色　　匹夫

含有褒义色彩的斥量名词,如:

褒义　　常态　　福音　　国魂　　国威　　国运
洪福　　鸿运　　厚望　　佳境　　佳音　　口碑
轻装　　谈锋　　天年　　小康　　雄兵　　地利

唯"拙见"一词为谦辞,褒贬色彩难辨,暂且不将其归类。

其次,我们来看这些书面语色彩较浓的含有色彩义的斥量名词。如:

骄阳　　匹夫　　国威　　天年　　雄兵

可以参考词典的解释,从词典的标注中印证其书面语色彩较浓:

骄阳:强烈的阳光。[《现代汉语词典》(第7版),652页]

匹夫:① 一个人,泛指平常人。② 指无学识、无智谋的人(多见于早期白话)。(同上,995页)

国威：国家的声威。（同上，499 页）

天年：指人的自然寿命。（同上，1292 页）

雄兵：强有力的军队。（同上，1472 页）

最后，我们来看这些斥量名词有无与其褒贬色彩相反的词语，仍以词典的解释为参考：

常态：正常的状态（跟"变态"相对）。[《现代汉语词典》（第 7 版），148 页]

败绩——战绩　　劣势——优势

常态——变态　　佳境——困境

轻装——盛装　　鸿运——厄运

除王惠、朱学峰（2000）所著《附录 2　无量名词举例》列举的词语，含有色彩义的斥量名词我们补充列举如下。

含有贬义色彩的斥量名词：

伤势	病势	内忧	内患	肉欲	肉体
腐儒	色情	色相	色欲	残年	残局
残兵	残冬	残敌	残生	公愤	死地
死罪	忧心	左翼②	右翼②	灾情	罪责

含有褒义色彩的斥量名词：

华诞	寿诞	年华	韶华	韶光	佳绩
佳期	实际	实况	实效	盛名	盛情
盛世	诗意	良心	时光	时务	硕果
基层	眼福	真知	正途	正义	重兵
长势

这些词语同样具有类似的特点，如"肉欲""腐儒""色相"等斥量名词含有明显的贬义，"韶华""儒将""盛世"等含有一定的褒义。而"华诞""师表""韶华""韶光"等斥量名词则一般为书面用语。

华诞:敬辞,称人的生日。[《现代汉语词典》(第7版),559页]

师表:品德学问上值得学习的榜样。(同上,1178页)

另外,还有一些名词也属于这类斥量名词,但由于属性义较强,也兼有区别词的词性,如:

长期—短期　　长途—短途　　基层—高层

沈家煊(1999/2015)指出,评价上的肯定项和否定项就是通常所说的褒义词和贬义词,"干净""安全"虽然在认知上是否定项,但在评价上是肯定项。语言中褒义词的使用频率总是高于贬义词。

上面这些斥量名词在构词中褒义词总是被优先选择。"败绩""病况""病情""病榻""苦衷""劣势"等词语含有贬义语素,"福音""国魂""国威""国运""洪福""鸿运""厚望""佳境"等词语中含有褒义语素。且贬义语素进入构词组成的词语一般也有与之相对应的褒义语素构词组成的词语,如"败绩—战绩""劣势—优势"等。但褒义语素进入构词组成的词语有时候却没有相对应的贬义语素构词形成的词语,如"佳境"等。

3. 斥量名词的单一义

还有一部分斥量名词指称单一,包括指称对象单一和词义义项单一两种情况。

先看王惠、朱学峰(2000)所著《附录2　无量名词举例》列举的指称单一的斥量词语:

苍穹	苍天	寰球	辈分	长女	爹妈
本文	笔者	贵处	上文	当局	电信
官方	官府	公家	国门	国民	航天
航运	河运	河面	国别	国度	国库
军婚	军容	军心	人体	时局	市面

原籍	原样	原址	性别	政局	家境
家世	疆场	近景	近况	进程	异乡
正比	本土	现况	个人	固态	秉性
外貌	地面	本意	本职	本分	笔触
笔力	成色	初衷	大意	地域	规程
后话	火势	来势	历程	民心	目力
年景	权限	水准	天涯	天意	心地
心境	人民				

上述斥量名词的一部分如"苍穹""苍天""长女""爹妈""本文"等词语,指称的对象较为单一,甚至可以说指称的对象是唯一的,所指称的事物常常为世界上独有的事物。

上述另外一部分斥量名词如"航运""目力""秉性""军容""疆场"等,则多为单义词,通常都只有一个义项,仅少数词语有两个或多个义项。

我们也试着把这类斥量名词分为两类,一类是指称单一对象的斥量名词,一类是义项较为单一的斥量名词。当然这个分类不够严谨和科学,只是为了便于分析和考察,也是分了便于行文的需要。

A类(指称对象单一的斥量名词):

苍穹	苍天	寰球	长女	爹妈	本文
笔者	贵处	上文	当局	官方	官府
公家	时局	政局	个人	本土	本职

B类(义项较为单一的斥量名词):

电信	国门	国民	航天	航运	河运
河面	国别	国度	国库	辈分	军婚
军容	军心	人体	市面	原籍	原样
原址	性别	家境	家世	疆场	近景

近况	进程	异乡	正比	现况	固态
秉性	外貌	地面	本意	本分	笔触
笔力	成色	初衷	大意	地域	规程
后话	火势	来势	历程	民心	目力
年景	权限	水准	天涯	天意	心地
心境	人民				

对于义项较为单一的斥量名词,请看词典的释义:

航运:水上运输事业,分为内河航运、沿海航运、远洋航运。[《现代汉语词典》(第7版),517页]

目力:视力。(同上,928页)

秉性:性格。(同上,94页)

军容:指军队和军人的外表、纪律、威仪等。(同上,717页)

疆场:战场。(同上,646页)

从词典的释义我们可以很清楚地看出这些斥量名词均为单义词,通常只有一个义项。

因为A类斥量名词指称对象单一,有的斥量名词如"苍穹""苍天"等,如果从认知的角度看,我们一般视其为独有事物名词,所以无法进行计量,也无须计量。从词典的释义可以看出B类斥量名词义项单一,在这一点上这类斥量名词接近于专有名词但又有别于专有名词,所以常常也不能与量词搭配使用。

除上述《无量名词举例》中列举的此类斥量名词外,另外还有一些类似的斥量名词,我们可以补充列举如下。

A类:

宇宙	天空	老天爷	太阳系	西天	下文
上身	下身	上游	下游	男方	女方
男家	女家	次女	大女儿	小女儿	前人

阁下	当局	爱人	内人	内当家	当家的
自身	对门	背面	本地	本国	外国
本省	外省	外乡	野外	远方	远洋
远祖	本行	彼岸	别处	课外	课内
境内	境外	乡间	乡下	早春	

B类：

门诊	男科	妇科	儿科	外科	内科
呼吸科	生理	嗓音	学籍	正电	负电
党籍	党性	暖气	食欲	史册	史策
市容	市政	天文	天分	天赋	天公
天宫	天色	天光	天候	天际	肝火
步子	财贸	财政	常年	女红	女权
道义	德育	敌后	士气	除法	乘法
加法	减法	国境	海外	海运	肌体
记性	近况	本科	本质	军事	考古
科技	水性	体质	顺风	逆风	同辈
林业	农业	渔业	副业	工业	商业
水利	天文	田径	土木	视觉	听觉
嗅觉	味觉	触觉	外籍	外交	卫生
中医	西医	人间	人口	人生	人士
人世	人手	私交	幼年	原形	胃口
去向	途中	眼界	阳电	阴电	正电
负电	阴历	阳历	邮政	早年	晚年
中年	壮年	战火	朝晖	真相	政协
政治	智力	注意力	宗教		

去向：去的方向。[《现代汉语词典》(第7版), 1081页]

步子：脚步。(同上, 115页)

常年：① 终年；长期。② 平常的年份。（同上，148 页）

从词典的释义也可以看出"去向""步子""常年"等义项都较为单一。

另外，一部分指称唯一个体的亲属称谓词（非社会关系称谓）没有列入。如：

爷爷	奶奶	外公	外婆	岳父	岳母
公公	婆婆	前妻	前夫		

此外，还有一部分主要是指称时间的名词和指称方位的名词，我们暂且不做讨论。如：

今天	今年	明年	明天	当日	当天
当年	后来	后天	即日	近日	将来
目前	古代	当代	近代	现代	历代
历年	午间	年间	夜间	晚间	年初
年终	年中	平日	起初	初旬	中旬
下旬	末旬	生前	远古	近古	往常
往年	往昔	午夜	子夜	昔日	现在
夜里	以前	对面	跟前	背后	当地
当前	当中	中间	南方	北方	西方
内地	外地	上空	市郊	远郊	郊外
近郊	外面	外头	正中	右边	

需要说明的是，一些斥量名词不能直接前加量词，但当这些名词受形容词修饰后却可以与量词搭配使用，这种间接与量词搭配使用的情况我们一般也排除在外，间接搭配使用的斥量名词不能算作有可以搭配的量词。如"胃口"一般不能直接加量词，但可以说"他天生一副好胃口"，即"胃口"被数量短语间接修饰，我们依然将其归入斥量名词。

松紧	冷热	多少	黑白	对错	方圆
优劣	好歹	明暗	远近	利害	雅俗
早晚	盈亏	虚实	异同	真假	盛衰
浓淡	成败	正邪	喜怒	哀乐	真伪
胖瘦	多寡	肥瘦	是非	冷暖	老少

a_2 名语素＋名语素

功过	阡陌	前后	上下	左右	古今
男女	阴阳	中外	始终	恩怨	天地
矛盾	里外	源流	广袤	宾主	城乡
肺腑	肝胆	始末			

a_3 动语素＋动语素

兴亡	往来	存亡	聚散	输赢	买卖
出入	起伏	开关	死活	动静	得失
生死					

A 类斥量名词

(1) a_1 类斥量名词

对于 a_1 类"形语素＋形语素"构成的斥量名词,请看词典的解释。

粗细:

① 粗和细的程度:碗口～的钢管|这样～的沙子最合适。[《现代汉语词典》(第 7 版),221 页]

② 粗糙和细致的程度:桌面平不平,就看活儿的～。(同上,221 页)

大小:

① 指大小的程度:这双鞋我穿上～正合适。(同上,246 页)

浓淡:

(颜色)深浅的程度;(味道的)浓重和淡薄:～适宜。(同上,

962页)

冷暖：

① 寒冷和温暖，泛指人的生活起居：关心群众的～。

② 指世态炎凉：饱尝人间～。（同上，794页）

从词典对"粗细""大小""浓淡"的释义一般含有"……的程度"可以看出，a_1类斥量名词多含有表示"程度"的意义，正是由于这种"程度"的意义较为抽象，很难量化，因此这类斥量名词不能与量词搭配使用。

部分 a_1 类斥量名词如"冷暖"，由"寒冷和温暖"泛指"生活起居"，或者由"寒冷和温暖"转喻"世态炎凉"，意义更为抽象化，更难与量词搭配使用。这里的"冷暖"，前者属于这类含有程度义的斥量名词，后者属于前述含转喻义的斥量名词。

(2) a_2类斥量名词、a_3类斥量名词

我们以"阡陌""广袤"两个 a_2 类斥量名词和"输赢"这个 a_3 类斥量名词为例考察这两类斥量名词的特点和用法。

请看词典的释义：

阡陌：

田地中间纵横交错的小路：～纵横｜～交通。（同上，1037页）

从释义可以看出，"阡陌"泛指所有的"小路"。

输赢：

① 胜利和失败：这两个球队今天非见个～不可。

② 指赌博时输赢的钱数：这伙赌徒，一夜就有几万元的～。

（同上，1213页）

"输赢"在第一个义项上为含程度义的斥量名词，在第二个义项上属于前文所说的含数量义的斥量名词。从释义可以看出，"输赢"可统称所有的胜利和失败。极少数情况可以这样说：

"一次输赢算不了什么。"但往往不说"两次输赢""三次输赢""多次输赢"等。

广袤:

① 土地的长和宽(东西的长度叫"广",南北的长度叫"袤"):~千里。

② 广阔;宽广。(同上,488页)

可见"广袤"一词第一个义项上为斥量名词,属于 A 类斥量名词中的"名语素+名语素"构成的 a_2 类斥量名词。

请看 CCL 语料库中"广袤"作为斥量名词时的用例:

(4) 南岸的玫瑰蔷薇之圃在盛开着,广袤十亩,缀着紫红、浅绛、鹅黄、绯白的花朵。(思慕《维也纳之春——维也纳素描之一》,选自何子英《百年百篇经典游记》363页)

(5) 一个物体的广袤,就它的大小,也就是所谓真实空间。(邬焜《霍布斯的机械唯物论中的辩证法》)

(6) 我们的确从来不把空间和长、宽、高三向的广袤加以区分。(邢贲思、孙尚清等《影响世界的著名文献·哲学卷》)

(7) "三十功名尘与土,八千里路云和月",把岳飞戎马倥偬的一生表现得淋漓尽致,将时间之长与空间的广袤联系在一起,造成一种令人神思驰骋的时空美和恢宏的气势美。(魏常生《语文教学应注意渗透审美教育》)

在上述例句中,例(4)的"广袤"在句中做主语,例(5)也是做主语,例(6)中做"把"字的宾语,例(7)中做介词"将"的宾语。

从词典释义可以发现,a_2 类斥量名词和 a_3 类斥量名词多指称概念,表面上看似乎没有明显的类似于 a_1 类斥量名词"程度"的意义,但由于用对立的两个语素指称的概念多为泛称、全称,或者可以说含有遍指义,如"阡陌"泛指所有的"小路","输赢"可统称所有的胜利和失败等,所以这两类斥量名词一般也排斥跟量词搭配使用。

请看 CCL 语料库中"广袤"一词作为形容词的用例:

(8) 杂木乱七八糟的组成一带非常广袤的森林,枝条和叶子都彼此妨害着,就是鸟儿在里面飞行都要变换许多的姿势。(丁香作文网)

(9) 他驰骋在大西北的广袤高原之上,奔走于西康的奇峰雪岭之间。(萧曼、霍大寿《吴作人》206 页)

(10) 冬日的清晨,天壁非常沉暗,广袤无极的原野,呈现着荒凉凄寂的景象。(厉梅著《塞下秋来风景异——抗战文学中的风景描写与民族认同》158 页)

上述例(8)、例(9)、例(10)的三个例句中"广袤"均为形容词,做定语。"广袤"一词兼有斥量名词和形容词词性,也是说明"广袤"这类词除了能指称概念,还可以作为形容词含有一定的"程度义"。

所以我们认为,a_2 类斥量名词和 a_3 类斥量名词同样也含有"程度"的意义,因为这两类斥量名词中很多名词兼有形容词或形容词属性词(即区别词)的词性,作为属性词时更是体现了这些斥量名词的"程度义"。如:

生死:

① 生存和死亡:~关头|~与共|同~,共患难。

② 属性词。同生共死的,形容情谊极深:~弟兄|~之交。
[《现代汉语词典》(第 7 版),1169 页]

"生死"可以做属性词,形容情谊极深,实则也体现了这类斥量名词的"程度义"。

边缘:

① 沿边的部分:~地区

② 属性词。靠近界线的;同两方面或多方面有关系的:~学科(同上,76页)

"边缘"可以做属性词,实则同样体现了这类斥量名词的"程度义"。

也正是因为这些斥量名词所包含的"程度义",所以很多此类斥量名词可以直接作为语气副词使用。如:

好歹:

他不知好歹。/好歹吃点东西再走!

"好歹"分别为斥量名词与语气副词。

贵贱:

不管东西的贵贱,喜欢就买。/他贵贱不肯去山里生活。

"贵贱"分别为斥量名词与语气副词。

死活:

不管别人的死活。/求了半天,她死活不答应。

"死活"分别为斥量名词与语气副词。

始终:

做事情一定要有始终。/我始终不赞成他的说法。

"始终"分别为斥量名词与语气副词。

还有斥量名词"早晚",也可以用作副词,如:

早晚要散伙。

但并不是以这样的构词方式构成的词语均为斥量名词,少数以对立的语素对举而构成的词语如"东西""来回"等名词,由于它们可以与量词搭配使用,因而并不属于斥量名词。如:

来回:

从北京到天津,一天可以打好几个~儿。(同上,772页)

另外,也可以说"一个来回""两个来回"等。

以两个对立的语素构词的方式也可以构成动词,如"来往""出没""呼吸""问答""进退""嫁娶""死亡"等;以同样的构词方式还可以构成副词,如:迟早、反正等;以同样的构词方式构成形容词,如"纵横""边远"等。还有几个词语如"爱憎""是否"等如何处理,存疑。

这些斥量名词非范畴化为语气副词或区别词等,也是汉语词类非范畴化的共性表现之一。惠红军(2009)也发现了量词的非范畴化现象,他指出,在汉语中的其他词类,经历非范畴化过程而产生量词范畴,量词范畴的成员又产生了新的非范畴化过程……这种非范畴化的过程,不仅使量词范畴内部成员始终处于不断的变化之中,使其他词类范畴始终处于不断的变化之中,而且也使词类概念网络层次处于不断的变化之中。这种概念网络层次的不断变化正是语言保持活力常态的反映。

B 类斥量名词

边缘	表面	步伐	步履	脚步	年岁
青春	林木	星辰	行迹	旅途	门庭
面貌	教学	质量	交通	篇幅	金融
岁月	路途				

除上述《无量名词举例》中列举的 B 类斥量名词外,由类同语素并举构成用于指称概念的斥量名词还有:

b_1 名语素+名语素

手足	世代	恩惠	恩泽	边界	边际
边疆	边境	边沿	界限	功绩	功勋
功利	功名	功能	功效	功业	功用
利禄	源头	本息	本利	本原	本源
本真	根本	末尾	末端	末梢	末后

初始	幅员	光辉	基础	基本	品貌
妇孺	身心	神志	神智	声誉	寿命
岁月	腿脚	文理	文教	文娱	学识
血汗	血泪	言辞	言词	言行	音信
肢体	踪迹	踪影	秩序	智慧	智谋
中央	纵深				

b_2 动语素+动语素

| 收支 | 穿戴 | 穿着 | 忧患 | 生平 | 平生 |
| 饮食 | 折扣 | 知觉 | 作为 | | |

b_3 形语素+形语素

温饱 治安 主次

B类斥量名词一般是由意义相同或相近的两个类同语素并举构成的,多指称某一概念。如"脚步"指"走路时两脚之间的距离"或"走路时腿和脚的动作",例如"脚步大"。"脚步"指"距离"时与前文所述含属性义的斥量名词是相似的,排斥与量词搭配使用;指"动作"时一般也排斥跟量词搭配使用。

类似的名词还有"步履""步伐"等。如"步伐"指"队伍操练时脚步的大小快慢"或"行走的步子"。

用类同的两个语素并举指称概念的B类斥量名词与A类斥量名词一样,一般多为泛称或全称,或者可以说含有一定的遍指义,多排斥跟数词和量词搭配用于计数。

第二节 斥量名词的构词特征

一、无标记项优先的构词特征

斥量名词在构词上显现出一定的特色和规则,其中部分斥量名词更是有比较明显的构词规律。如：

长度　　高度　　宽度　　深度　　身高　　肩宽
水深　　大小　　快慢　　高矮　　强弱　　粗细
胖瘦　　高低

如采用以下方式构词,则一般都不符合汉语的表达习惯：

＊短度　＊低度　＊窄度　＊浅度　＊身低
＊肩窄　＊水浅　＊小大　＊慢快　＊矮高
＊弱强　＊细粗　＊瘦胖　＊低高

可见,由对立义语素作为构词语素构成的斥量名词,总是倾向于选择形容词语素中较大的一级作为形语素参与构词,也总是将形容词语素中较大的一级优先于较小的一级作为顺序原则参与构词,可以说在构词时遵循了如下原则：

长＞短　高＞低　宽＞窄　深＞浅　("＞"表示"优先于")

从认知的角度看,这正是反映了以汉语为母语的人们的一种认知策略,可以称之为顺序原则。人们总是把处于对立关系中的较大较高的一级的语素优先于较小较低的一级的语素在构词时使用。

英语中也有类似的情况,如形容词 long(长的)有相对应的名词 length(长度),但是处于对立关系的形容词 short(短的)却没有相应的名词形式。这样的例子还有,如：

high(高的)-height(高度)　　wide(宽的)-width(宽度)
deep(深的)-depth(浓度)

在这个问题上,很多语法学家各有不同的看法。

沈家煊(1999)认为"长""大""高"等是一种"正向期待","短""小""矮""低"等是一种"负向期待",所以只有一个量级维度的正反词,人们经常用正向的无标记形容词去概括事物的性状,指称整个量级上的所有的量。

如果"长""大""高""宽""深"等是正向期待，那么我们如何判断"轻"是正向期待，还是"重"是正向期待？因为我们发现在这类斥量名词中也有极个别的例外，似乎在构词时违背了上述认知上的顺序原则和沈家煊所说的"正向期待"。

例如"轻重"一词，一般不能说"重轻"，它不符合其他斥量名词如"大小""高低""粗细""高矮""功过""贵贱"的构词语素的顺序和规律。母语为汉语的人们表达"重量的大小"时构成"轻重"一词，是以"轻"为正向期待吗？但在表达"体重""重量""承重""轴重"等概念时却是以"重"为正向期待？我们认为，所谓的"正向"和"负向"并不总是绝对的，"正向"和"负向"在认知上也是相对的。在语言中也有"身轻如燕""举重若轻"等成语，可以证明在这种语言环境下"轻"是人们的正向期待，而作为体育运动项目之一的"举重"在这种语言环境下，肯定是以"重"为正向期待。

陆俭明(1989)将"大""长""高""宽""厚""深""粗""重""远"等和"小""短""低(矮)""窄""薄""浅""细""轻""近"等这类形容词称为"量度形容词"，因为这类形容词都能进入"A＋(了)＋表示定量的数量词"这一格式。

用"正向期待"的理论解释人们的这一认知策略很容易让人接受，我们也同意将这类形容词称为"量度形容词"，因为它们既可以像一般形容词那样采用模糊计量的方法，如"非常长""很长"，也可以采用一般形容词所不能采用的精确计量的方法，如"3.7米长"。

但是我们也可以认为用非数值的方式模糊计量时它们是形容词，而用度量衡单位的数值方式精确计量时它们应该是名词。也就是说，"非常长""很长"中的"长"是形容词，"3.7米长"中的"长"是名词"长度"。因此，这类词语应该是形名兼类词。而且当这类语素作为构词语素参与斥量名词的构词时，可能是名语素,也可能是形语素。也就是说,参与斥量名词如"长度""高度""宽度""深度""温度""年龄""身高""肩宽""气温""水深"等构词的"长""高""宽"等语素为名语素,参与斥量名词如"大小""安危""好坏""轻重""快慢""高矮""强弱""粗细""胖瘦""高低"等构词的语素如"大""小""高""矮"等为形语素。

沈家煊(1999/2015)指出,有标记和无标记的对立在语言分析的所有层次上都起作用,这叫作标记现象的普遍性。除了在语音、形态(词法)和句法上像被动句和主动句的对立,否定句和肯定句的对立也都是有标记和无标记的对立;在语义上,反义形容词"大"和"小""长"和"短""深"和"浅"的对立也是无标记和有标记的对立。无标记项的使用频率比有标记项的高,或至少也一样高。例如,形容词"长""高""宽"的使用频率也大大高于"短""低""窄"。

沈家煊(1999/2015)指出,相对词中的"大""长""宽""深""厚""高"等比"小""短""窄""浅""薄""矮"等更能引人注意或更值得注意:长的东西"很有"长度,短的东西"缺乏"长度,"长"比"短"也更容易被认知。所谓认知上的肯定项是指对人的感知而言具有某些显著的(salient)特征,因此更能引起人注意的那一项,否定项则缺乏相应的显著特征。

沈家煊(1999/2015)指出"大小类"和"好坏类"都有其中一项可以指称整个量级上的各个量。例如"长"可以指称整个长度的量级上所有的量,"好"可以指称整个好坏量级上所有的量,而"冷""热"都不能指称整个温度量级上所有的量。

我们赞同上述看法,可以看出斥量名词中的"高度""长度""宽度""厚度""硬度""浓度"等和"气温""炉温""水温""温差""高温""温度"等构词的特征和规律正好印证了这一观点。

通过以上分析我们不难看出,斥量名词中"安危""本末""粗细""大小""高矮""雌雄""功过"一类名词,既是肯定项和否定项对举构词,也是肯定项在前、否定项在后,可见这些斥量名词在构词时遵循肯定项优先、无标记项优先的原则。

另外,一些斥量名词如"大地""大局""大势""大意""大众"也可以印证"无标记项的使用频率比有标记项高"的原则。

二、显著度高的语素优先构词的特征

风尘	风月	肝胆	河山	江河	江湖
江山	口齿	脉络	眉宇	山川	山河
水土	岁月	谈吐	土木	心术	心窝
心胸	衣冠				

上述这些斥量名词在构词上体现了认知上的转喻在构词中的作用。

认知语言学认为,转喻是利用两个相关认知域之间的关联性,从显著度高的认知域过渡到显著度相对较低的认知域。

一般而言,显著度高的认知域较为具体,显著度低的认知域较为抽象。如由具体的显著度高的认知域到抽象的显著度低的认知域的过渡,可列举出:

风尘:

① 借指旅途的劳累:~仆仆|满面~(旅途劳累的神色)。

② 借指纷乱的社会或漂泊江湖的境况:~侠士。

③ 指以出卖色相为生的处境:沦落~|~女子。

④ 借指战乱:~之警。[《现代汉语词典》(第 7 版),388 页]

"风尘"一词是利用"风""尘"转喻"旅途的劳累""江湖的漂泊"等。两者在认知域上存在着一定的关联性,因此由相对具体、有形的"风尘"过渡到相对抽象、无形的"旅途的劳累,江湖的漂泊"等,由显著度较高的认知域(具体、有形的)过渡到显著度

相对较低的认知域(抽象、无形的)。

风月：
① 风和月,泛指景色:～清幽。
② 指男女情爱的事情:～债｜～场。(同上,392页)

用"风""月"泛指"景色"进而转喻"男女情爱的事情",也是由显著度较高的认知域(具体、有形的)过渡到显著度相对较低的认知域(抽象、无形的),也体现了斥量名词显著度较高的语素优先构词的原则和特征。

谈吐：
① 指说话:不善～。
② 指谈话时的措辞和态度:～不俗。(同上,1268页)

由具体的动作"谈""吐"(显著度高)转喻"说话",再由"说话"过渡到抽象的"态度和措辞"(显著度低)。

土木：
指土木工程:大兴～。(同上,1327页)

由具体的显著度高的物质"土""木"转喻抽象的显著度低的"工程"。

脉络：
① 中医指全身的血管和经络。
② 比喻条理或头绪:～分明｜这篇文章的～很清楚。(同上,873页)

用具体的"血管和经络"转喻抽象的"条理或头绪"。

从显著度高的认知域过渡到显著度低的认知域,同时从构词上也反映出了斥量名词基本上是优先选用这些显著度高的语素构词,因此可以说斥量名词具有以显著度高的语素优先构词的特征。

此外,除了从具体到抽象的过渡,还有由部分到整体的过渡。如：

  肝胆 口齿 江山 心胸 衣冠

  用"肝""胆"转喻"真诚的心"，用"口""齿"转喻"说话的本领"，用"江""山"转喻"国家或国家的政权"，用"心""胸"转喻"胸怀""气量""抱负"，用"衣""冠"转喻"穿戴"。

  这些都是在用显著度较高的、特征明显的部分转指整体，同时也可以认为是用显著度较高的具体的事物"心""胸"等转指在认知上显著度相对较低的、较为抽象的概念"胸怀""气量""抱负"等。

  之所以可以这样转喻，从认知的角度看，同样是因为"心""胸"和"人的胸怀""气量""抱负"两者在认知域上存在着一定的相关性，人们可以借用两者之间的相关性由部分转喻整体，或由具体转喻抽象的、难以理解的事物和概念，甚至可以用这类名词转指范围更广的事物。

  含有转喻义的斥量名词基本上都是优先选用显著度较高的语素构词。这也体现了斥量名词以显著度较高的语素优先构词的原则和特征。

  综上所述，从词义特征看，斥量名词的词义大概包含三类：第一类是词语本身蕴含确定的数量语素，包括独一量或者全量。第二类是词语蕴含属性义，词语前排斥直接受数量短语修饰，但在句子中这类词语却需要与精确数量或模糊数量共现。第三类是蕴含色彩义、单一义、隐喻义、程度义等较为抽象的意义，这些意义较难分割，故一般很难进行计量。

第三章 斥量名词的数量特征与斥量动因

第一节 斥量名词的数量特征

一、斥量名词[＋唯一量]的数量特征

(一) 蕴含唯一量

太阳　　月亮　　银河系　爹妈　　长女　　长子
总统　　主席　　女王

上述斥量名词所指对象一般具有唯一性,这类斥量名词的语义特征我们可以记作[＋唯一量]。我们称这类斥量名词具有唯一量的数/量特征。

其中部分斥量名词所指对象为世界上的独有事物,具有绝对唯一性,如太阳、月亮、银河系等。部分斥量名词所指对象虽不是独有事物,但在具体的语言环境下也具有绝对唯一性,如"爹妈""长女""长子"等。而有的斥量名词的所指对象只是在特定的语言环境中具有相对唯一性,如总统、主席、女王等。

所以根据这种唯一性的差异,我们把这部分斥量名词分为甲类绝对唯一量斥量名词、乙类相对唯一量斥量名词两个类别。

甲类绝对唯一量斥量名词,如:

苍穹　　苍天　　寰球　　太阳　　月亮　　宇宙
太空　　天空　　老天爷　大自然　银河系　北斗星

西天	天堂	地狱	爹妈	长女	长子
次女	次子	前妻	前夫	爷爷	奶奶
外公	外婆	岳父	岳母	公公	婆婆
北京	上海	故宫	孔子	纽约	曼哈顿

乙类相对唯一量斥量名词，如：

总统	主席	皇帝	总理	天皇	女王
王储	元首	当局	时局	政局	官方
官府	公家	国库	国门	国民	疆场
电信	航天	农业	渔业	林业	工业
航运	河运	航空	商业	人体	异乡
家境	原籍	原址	现况	近况	民心
海面	对门	隔壁	年龄	性别	外貌
籍贯	学籍	党籍	辈分	军婚	军容
军心	河面	门诊	生理	男科	妇科
儿科	军事	考古	财贸	财政	宗教
去向	上文	本文	下文	文中	文末
上旬	中旬	下旬	月初	月中	月末
去年	今年	明年	上方	上空	下方
上身	下身	上游	中游	下游	贵处
彼岸	别处	外乡	本土	本地	本国
外国	本省	外省	本埠	本部	境内
境外	市区	郊区	本人	他人	笔者
阁下	足下	在下	个人	自身	前人
后人	本职				

上述甲类绝对唯一量斥量名词和乙类相对唯一量斥量名词内部还可以继续分类和细化。

甲$_a$绝对唯一量斥量名词，如：

苍穹	苍天	寰球	太阳	月亮	宇宙
太空	天空	老天爷	大自然	银河系	北斗星
西天	天堂	地狱	爹妈	长女	长子
次女	次子	前妻	前夫	爷爷	奶奶
外公	外婆	岳父	岳母	公公	婆婆

甲_b 专有名词，如：

北京	上海	故宫	孔子	纽约	曼哈顿

乙_a 相对唯一量斥量名词，如：

总统	主席	皇帝	总理	天皇	女王
王储	元首	当局	时局	政局	官方
官府	公家	国库	国门	国民	疆场
电信	航天	农业	渔业	林业	工业
航运	河运	航空	商业	人体	异乡
家境	原籍	原址	现况	近况	民心
海面	对门	隔壁	年龄	性别	外貌
籍贯	学籍	党籍	辈分	军婚	军容
军心	河面	门诊	生理	男科	妇科
儿科	军事	考古	财贸	财政	宗教
去向					

乙_b 索引词，如：

上文	本文	下文	文中	文末	上旬
中旬	下旬	月初	月中	月末	去年
今年	明年	上方	上空	下方	上身
下身	上游	中游	下游	贵处	彼岸
别处	外乡	本土	本地	本国	外国
本省	外省	本埠	本部	境内	境外
市区	郊区	本人	他人	笔者	阁下

足下　　在下　　个人　　自身　　前人　　后人　　本职

上述甲ₐ类斥量名词如"苍穹""苍天""太阳""大自然"所指称的对象一般为世界上的独有事物,所以我们说指称的对象具有绝对唯一性。

上述甲ₐ类斥量名词如"爷爷""奶奶""外公""外婆"……指的是指称唯一个体的亲属称谓词,而非社会关系称谓词。当这类词作为社会关系称谓时(如"公园的长椅上坐着一位爷爷"),其所指称的个体不具有唯一性,不能算作甲类绝对唯一量斥量名词。

上述甲ᵦ专有名词,如考虑到汉语中有大量同名现象的存在,专有名词的指称对象就只是在特定语境中具有唯一性:故也可以把专有名词列入乙类具有相对唯一性的斥量名词。

上述乙类斥量名词一般都具有相对唯一性:乙ₐ所指对象如"总统""主席""女王""天皇"等在特定语境中具有相对唯一性;乙ᵦ为索引词,指涉及汉语中空间、时间、语篇、人物指示的名词,也具有相对唯一性。

(二) 词典义项凸显唯一量

甲类绝对唯一量斥量名词、乙类相对唯一量斥量名词因所指对象一般具有唯一性,词典释义时词语的义项也较为单一,多为单义词。举例如下。

甲类绝对唯一量斥量名词:

苍穹:

天空。[《现代汉语词典》(第7版),127页]

老天爷:

民间认为天上有个主宰一切的神,尊称这个神叫老天爷。现多用来表示惊叹:～,这是怎么回事儿! (同上,785页)

乙类相对唯一量斥量名词：

时局：

当前的政治局势：～稳定。（同上，1184 页）

航运：

水上运输事业，分为内河航运、沿海航运、远洋航运。（同上，517 页）

军容：

指军队和军人的外表、纪律、威仪等。（同上，717 页）

疆场：

战场。（同上，646 页）

去向：

去的方向。（同上，1081 页）

从词典的释义，我们可以很清楚地看出这些斥量名词常为单义词，通常只有一个义项，这与该类斥量名词具有的[＋唯一量]的数量特征直接相关。

二、斥量名词[＋精确量]的数量特征

蕴含[＋精确量]的斥量名词如：

一线	一生	一对	一言堂	一维	一斑
一带	一旁	一端	一辈子	二线	二者
二手	二婚	二流	二老	双方	双亲
双轨	双学位	双语	两极	老两口	小两口
两重性	两头	两翼	三线	三秋	三餐
三伏	三维	三围	三高	三军	四邻
四肢	四周	四声	四季	四围	四处
四郊	四海	四方	五官	五脏	五行
五谷	五更	五线谱	五味	五指	五毒

五音	五彩	七彩	七七	七窍	七情
七十二行		八辈子	八斗才	八方	八节
八字	九重霄	九地	九泉	九天	九霄
九州	九族	千秋	千古	千金	千夫
万代	万世	万福	万方	万古	万国
万机	万籁	万民	万难	万事	万物
万象	万众				

此外还包括含"数"的缩略型名词：

五好　　四美

这类斥量名词和含"数"缩略型名词词语内部包含了表示数字的构词语素，如"一、二、两、三、四、五、七、八、九、千、万"，这些构词语素本身表示精确数量，所以这类斥量词语具有数/量的语义特征，我们可以记作[＋精确量]。

较之[＋唯一量]的斥量名词，这类构词语素含有精确数字的[＋精确量]斥量名词对数量短语的排斥更强。

三、斥量名词[－精确量]的数量特征

一部分斥量名词，词语内部蕴含的数/量是一个较为模糊的量，我们可以记作[－精确量]。

这类斥量名词又包括两个类别：含量化词构词语素的甲类斥量名词和含对立语素构词的乙类斥量名词。

(一) 含量化词语素蕴含的模糊量

含量化词语素构词的甲类斥量名词：

半路	半途	半夜	半价	半空	半生
半世	半辈子	半数	全省	全国	全家
全年	全民	全球	全村	全场	全班

全人类	全会	全校	全盘	全书	全集
全貌	全文	全套	全体	全线	全景
全境	全员	全市	全县	全城	全称
全片	全篇	全数	全速	全价	全日
全列	全日制	列兵	列阵	列宾	列支
民众	听众	万众	众口	僧众	众家
众位	众怒	群众	群落	群岛	群山
群星	群体	群峰	群臣	群团	群舞
群婚	群雄	群芳	群情	群氓	群像
群英	人群	鱼群	羊群	狼群	蜂群
雁群	马群	鸟群	星群	句群	畜群
大家	大伙	大宗	大口	大门口	大陆
大洲	大同	大旱	大势	大漠	大后方
大西北	大全	总额	总数	总值	总体
总产值	总称	总队	总纲	总公司	总和
总后方	总目	总星系	总悬浮颗粒物		总则
总支	总部	多数	多极	多云	多糖
多胞胎	多层	多媒体	繁星	繁花	周身
周遭	周边	周围	环球	环线	环衬
重洋	重围	重影	初春	初秋	初冬
初夏	初稿	初恋	初期	初心	初雪
初夜	初潮	初年	浑身	满口	满门
满眼	满嘴	人们	乡亲们		

由于这类斥量名词蕴含"半""全""列""众""群""大""总""多""繁""周""环""重""满""初""浑"等量化词作为构词语素，这些语素本身编码的是模糊量，即[－精确量]，所以这些名词在句法上也排斥数量短语直接修饰。

(二) 含对立语素蕴含的模糊量

乙类斥量名词由对立语素构词，一般指称有程度义的模糊的量，即含有[－精确量]的语义特征。根据构词语素的不同又可以将其分成三类。

乙$_a$ 形语素＋形语素：

安危	粗细	大小	高矮	贵贱	好坏
快慢	冷暖	强弱	轻重	胜负	深浅
长短	高低	厚薄	贫富	宽窄	松紧
冷热	多少	黑白	对错	方圆	优劣
好歹	明暗	远近	利害	雅俗	早晚
盈亏	虚实	异同	真假	盛衰	浓淡
成败	正邪	喜怒	哀乐	真伪	胖瘦
多寡	肥瘦	是非	冷暖	老少	

乙$_b$ 名语素＋名语素：

本末	功过	首尾	雌雄	阡陌	前后
上下	左右	古今	男女	阴阳	中外
始终	恩怨	天地	矛盾	里外	源流
广袤	宾主	城乡	肺腑	肝胆	始末

乙$_c$ 动语素＋动语素：

兴亡	往来	存亡	聚散	输赢	买卖
出入	起伏	开关	死活	动静	得失
生死					

如"深浅"，词典的释义为：

① 深浅的程度：你去打听一下这里河水的～，能不能蹚水过去。

② 指分寸：说话没～。[《现代汉语词典》(第 7 版)，1160 页]

"深浅"指深浅的程度,词语内部蕴含的数/量为模糊的量,记为[－精确量]。

这类由对立语素构成的斥量名词的"程度义"在第二章《斥量名词的构词语素与构词特征》中"构词语素"部分已有相关论述,不做赘述。

四、斥量名词[±精确量]的数量特征

度量类斥量名词,如：

比率	差额	产量	产值	词频	次数
次序	电量	电力	电热	定额	定员
度数	饭量	芳龄	分量	份额	风量
风速	幅度	高度	高温	个儿	个头
功率	含量	航程	厚度	几率	剂量
金额	可见度	客流量	宽度	年龄	年限
浓度	起价	气温	气压	容积	容量
升幅	时速	时限	食量	数量	数额
水深	岁数	体重	温差	温度	音量
音律	音速	音域	账面	总额	总价
总量	总值	流量	炉温	兵力	光速
规模	官价	原价	广度		

度量类斥量名词一般表示物体的体积、面积、重量、质量、价格等属性,对于物体的这种属性,我们既可以利用有程度义的形容词在句法上与之共现,从而进行模糊计量,也可以利用数值的准确性对其进行精确计量。如可以说"差额很大""气温很高""原价很贵",也可以说"差额竟高达一百万元""最高气温达到39.6 摄氏度""原价 436 元一双"等,两者分别体现了模糊属性和量化属性。所以我们把这类斥量名词蕴含的语义特征概括为

[±精确量]。

度量类斥量名词在构词上很有特色,而且这类词的数量也很大。如:

—量:产量　电量　饭量　分量　风量　含量
　　　剂量　客流量　容量　食量　数量　音量
　　　总量　流量
—度:幅度　高度　厚度　可见度　宽度　浓度
　　　温度　广度
—价:起价　总价　官价　原价
—值:产值　总值
—额:差额　定额　份额　金额　数额　总额
—率:比率　功率　几率
—数:次数　度数　岁数
—速:风速　时速　音速　光速
—温:高温　气温　炉温
—龄:芳龄　年龄　学龄

还有大量表中没有列出,我们按照其构词特点在附录三中列出其中一部分,供研究和参考之用。

五、斥量名词[无量]的数量特征

(一) 隐喻义无量名词

风尘　风月　肝胆　江河　江湖　江山
口齿　脉络　眉宇　门第　襁褓　山川
山河　水土　土木　心窝　心胸　衣冠
谈吐　河山　秋波　天色　迷途　脑海
前线　身手　视野　眼帘　夜幕　铁窗

星火	牙床	文坛	诗坛	影坛	体坛
足坛	篮坛	艺坛	医坛	政坛	雨露
前尘	红尘	风尘	尘世	手笔	手头
睡乡	梦乡	咽喉②	烟火②	佛门	嗓门
肛门	衙门	脑门	心地	心机	心坎
心头	头脑				

需要说明的是,这里的"隐喻"是泛称,仅仅是为了便于称说,包括认知语言学中所说的转喻、隐喻。转喻的如"身手""铁窗",用"身体和手"转喻"本领","铁窗"转喻"囚牢"等。隐喻的如"脑海""夜幕""艺坛"等:用"海"隐喻思想、记忆的器官容量之大;"艺坛""政坛""足坛"等用"坛"隐喻文体方面某些职业、专业活动领域或场所;在夜间景物像被大幕罩住一样,故用"幕"喻"夜";等等。

上述斥量名词多蕴含隐喻义等特定意义,词语表示的意义其边界不清,相对于前面讨论的[唯一量][＋精确量][－精确量][±精确量]而言,这种隐喻义本身不蕴含量,记为[无量]。"无量"也是一种量的极端表现,表现在句法上,这些名词很难再用数量短语直接修饰进行计量,即很难再次量化。

(二) 色彩义无量名词

败绩	褒义	病况	病情	病榻	常态
福音	国魂	国威	国运	洪福	鸿运
厚望	佳境	佳音	骄阳	口碑	苦衷
后账	劣势	轻装	谈锋	天年	小康
心术	雄兵	拙见	地利	物欲	女色
匹夫					

正是由于上述斥量名词多蕴含色彩义等特定义,这种色彩

义是无量的,也很难用数量短语直接修饰进行计量,所以很难再次量化。

第二节　斥量名词的量级和量标准

根据第二章对斥量名词构词特征和词义特征的分析,我们发现含数量义的斥量名词的量是一种内在的量,它存在于每个具体的斥量名词的内部,由于词义本身蕴含量,所以在句法上排斥前加数量短语修饰。

从这一点来看,把这类名词称为无量名词、非量名词也是不合适的,这类名词的"无量"指的是"无量词可加"或"排斥数量短语直接修饰",但这类词本身含有"数量"的语义特征。说"无量"指的是外部的形式特征,说"含有数量"指的是词语内部的词义特征,这样的指标似乎很矛盾,极易引起混淆。为了避免混淆,我们使用了"斥量名词"的概念。

而与斥量名词对立的普通名词的"量"是一种外在的量,它外化于每个具体的有量名词的外部,在句法上需要通过前加数量短语修饰来激活这种"量",或者说必须通过外加数量短语来确指这种量的多少,能前加数量短语直接修饰的句法表现恰恰是一般的普通名词的外部形态特征。排斥前加数量短语修饰和必须前加数量短语修饰,这两种外部形态的对立,也正是名词内部普通名词和斥量名词两个名词的语法次类之间的对立。

下面我们将着重分析斥量名词内部蕴含的这种量的特征。

一、斥量名词的量级和量标准

斥量名词词语内部所蕴含的量,根据量的标准可以分为四类:显性量、隐性量、度量和无量。

(一) 含显性量的斥量名词

根据斥量名词词语内部蕴含的显性量量级的不同,可以把显性量分为五种类型:周遍量(或称全量)、大量、常量、小量、唯一量。

由于第二章已经列举例词较多,本节仅列举部分例词。

1. 含周遍量的斥量名词

全省　全国　全家　全年　全民　全球
全村　全场　全班　全程　全局　公众
民众　听众　万众　众口　僧众　众家
众位　众人　众怒　公愤　黎民　人类
国民　浑身　满口　满门　满眼　满嘴
周身　周遭　周边　周围　环球　环线
人们　乡亲们

"全""众""浑""满""周""们"等构词语素体现出这类斥量名词蕴含着具有周遍意义的量。

2. 含大量的斥量名词

列国　列强　群众　群落　群岛　群山
群星　群体　群峰　群臣　大家　大伙
大宗　大地　大局　大势　大众　繁星
繁花　人海　脑海　林海　迷途　视野
重兵　华诞　寿诞　盛名　盛情　盛世
万代　万世　万福　万方　万古　万国

"列""群""大""海""万"等构词语素体现出这类斥量名词蕴含着较大的量。

3. 含常量的斥量名词

半路　半途　半价　半空　半生　半世

半数	一线	一生	一维	二线	二者
二手	二婚	二流	二老	两极	两头
两翼	老两口	小两口	双方	双亲	双轨
双学位	双语	三线	三秋	三餐	三伏
三维	三围	三高	三军	四周	四声
四季	四海	四方	五脏	五行	五谷

"半""一""二""两""双""三""四"等构词语素体现出这类斥量名词蕴含着常态的量。

4. 含小量的斥量名词

初春	初秋	初冬	初夏	初稿	初恋
初期	初心	初雪	初夜	初潮	初年
初叶	中叶	末叶	小节	末梢	末尾
小康					

"初""小"等构词语素体现出所举斥量名词蕴含着较小的量。

5. 含唯一量的斥量名词

大自然	宇宙	苍穹	苍天	寰球	
爹妈	长女	次女	大女儿	小女儿	
男方	女方	男家	女家		
本文	笔者	贵处	上文	本土	
人体	嗓门	肛门	脑门		

虽不像前面四类有明确构词语素体现出所举斥量名词蕴含着唯一量,但这类斥量名词的所指如"大自然""宇宙"多具有唯一性,因而其量是唯一的。

(二) 含隐性量的斥量名词

含隐性量又可以分为含隐性周遍量和隐性唯一量两种情况。这里的"隐性"是相较于上述周遍量(或称全量)、大量、常量、小量、唯一量五种"显性量"而言的,其蕴含的量较为隐蔽,不太容易察觉。

1. 含隐性周遍量的斥量名词

安危	本末	粗细	大小	高矮	功过
贵贱	好坏	快慢	冷暖	强弱	轻重
胜负	首尾	雌雄	边缘	表面	步伐
步履	脚步	年岁	青春	星辰	行迹
旅途	门庭	面貌	教学	质量	交通
篇幅	金融	岁月	路途	学业	风尘
风月	肝胆	江河	江湖	江山	口齿
脉络	眉宇	门第	福禄	山川	山河
水土	土木	心窝	心胸	衣冠	谈吐
河山	林木				

以"安危"为例,安全和危险,多指危险的一面。从安全到危险,由两点代指所有危险的事情和情形,带有隐性的周遍意义,含有周遍量。

以"风尘"为例,是用具体的概念"风"和"尘"隐喻抽象的"旅途的劳累""纷乱的社会或漂泊江湖的情况""以出卖色相为生的处境",用具体的东西借指抽象的具有周遍意义的概念。

以"边缘"为例,"缘"即边,用"边"和"缘"两个意义相通相近的语素表示"沿边的部分",具有隐性的周遍的量。

2. 含隐性唯一量的斥量名词

当局	电信	官方	官府	公家	异乡
国门	航天	航运	河运	国库	军婚
军容	军心	原籍	原样	原址	文坛
诗坛	影坛	体坛	足坛	篮坛	门诊
男科	妇科	儿科	外科	内科	呼吸科

生理	嗓音	学籍	党籍	党性	市容
市政	天文	天分	天赋	天公	天宫
天色	天光	天候	天际	林业	农业
渔业	副业	工业	商业	水利	天文
田径	视觉	听觉	嗅觉	味觉	触觉
卫生	中医	西医			

这些词语的所指虽不像"大自然""宇宙"具有毫无争议的唯一性,但所指也是唯一的,如"原籍",义为"原先的籍贯",区别于"寄籍""客籍",前者所指明确,一般是唯一的。正是这种唯一性,使得这些斥量名词难以与专有名词区别开来,但它们与"北京""孔子"一类的专有名词句法表现差异很大。

(三)含度量的斥量名词

词语本身蕴含"度量"的斥量名词,也可以说这些斥量名词多为"事物的属性",为属性的取值。

比率	差额	产量	产值	词频	次数
次序	电量	电力	电热	定额	定员
度数	饭量	芳龄	分量	份额	风量
风速	幅度	高度	高温	功率	含量
航程	厚度	几率	剂量	金额	可见度
客流量	宽度	年龄	年限	浓度	起价
气温	气压	容积	容量	升幅	时速
时限	食量	数量	数额	水深	岁数
体重	温差	温度	音量	音律	音速
账面	总额	总价	总量	总值	流量
炉温	兵力	光速	规模	官价	原价
广度					

(四) 无量的斥量名词

部分斥量名词词语内部不蕴含量即无量,但在外在形式上却同样排斥数量短语的直接修饰,可能缘于这类名词较强的隐喻义以及从古汉语继承而来的较强的书面语体色彩。

国魂	国威	国运	洪福	鸿运	厚望
佳境	佳音	骄阳	苦衷	后账	岁势
轻装	谈锋	天年	心术	雄兵	拙见
地利	物欲	女色	眼帘	夜幕	铁窗
心机	心坎	牙床	头脑	梦乡	雨露

二、含度量斥量名词的精确计量与模糊计量

毛鸣(2016)认为临时名量词计量的是事物的整体面貌。临时名量词所计量的是事物模糊的量。做临时量词的名词大多是无指性的,不是指某一个具体的个体,而是对名词所指事物的概括。"喝了一肚子水","肚子"到底有多大,没有具体的计量,只知道是指喝了很多水,在这里,"肚子"对于水量的表示和认知都是模糊的。

我们认为不仅仅是临时名量词,其他很多量词如"点""些"等构成的"数+量+名"结构也是一种对量的模糊认知,属于模糊计量,而且数词限用"一"。如:

一点水　一些水　一片水　一滩水　一屋子水　一身水

对"水"的精确计量可以使用度量衡量词和容器量词,数词不受限制。如:

500毫升水　两公斤水　三瓶水　四杯水　五盆水

因为斥量名词词语内部蕴含显性量和隐性量,所以在形式上这些名词一般不能出现在"数+量+名"结构中。而含度量的

斥量名词因为本身即为度量,虽然也不能出现在"数+量+名"结构中,但在句法上却可以有两种完全不同的共现方式体现其内部量的大小,一种是模糊计量的方式,一种是精确计量的方式。

(一) 含度量斥量名词的精确计量

虽然斥量名词排斥受数量短语的直接修饰,但在句法上可以用数量短语与含度量的斥量名词共现的方式,对其进行精确计量,体现这类斥量名词词语内部蕴含的数量特征。

下面我们以含度量的斥量名词"产量"一词为例,着重分析含度量的斥量名词在句法上与哪些外在的"量"共现。

(1) 农业生产全面丰收,粮食产量比上年增长一成,甩掉了吃调进粮的帽子。(赵紫阳《奋发努力加快四川建设 为国家为人民多做贡献》,选自《红旗杂志》,国家语委语料库)

(2) 低温实验室经常地产生大量液体空气,每小时产量可达二百公升,实验室旁储有两吨液体氧气。(钱三强讲,张和生记《苏联的大学教育与科学研究》,选自《新建设》,国家语委语料库)

(3) 冀,鲁,豫,鄂,苏,浙,皖,及晋陕甘的南部为冬麦产区;全国产量,冬麦占十分之九,春麦占十分之一。(大炎《我国农村经济的现状》,选自《国闻周报》,国家语委语料库)

例(1)"产量"在句中做主语,与之共现的宾语为数量短语"一成";例(2)"产量"在句中做主语,与之共现的宾语为数量短语"二百公升";例(3)"产量"为主语,与之共现的谓语为主谓短语,其中表计量的小谓语为数词"十分之九""十分之一"。虽没有数量短语直接修饰,但在句中使用了数词或数量短语共现,外化其词语内部蕴含的数量。

以上三例均是对含度量的斥量名词进行的精确计量。

(二) 含度量斥量名词的模糊计量

1. 利用性质形容词的程度性模糊计量

除了对含度量的斥量名词进行精确计量,在句法上还可以用形容词等其他句法成分对其进行模糊计量,如:

(4) 一种是压成块烧炼之后叫团矿,一种是用矿粉直接烧炼叫烧结矿,后者的成本便宜一半,而且产量多。(周传典《我在鞍钢三年》,选自《中国青年》,国家语委语料库)

(5) 杂交稻是中国科学家研究出来的新品种,产量可高呢。(曹虎《白马河边的喜讯》,选自《科普创作》,国家语委语料库)

(6) 主产我国东北各省,而以吉林抚松县产量最大,质量最好,因而称吉林参(产朝鲜者称朝鲜参)。(凌一揆、颜正华《中药学》,国家语委语料库)

例(4)、例(5)和例(6)中的"产量"在句中都做主语,与之共现的宾语分别为性质形容词"多""高""大"。这也是对斥量名词"产量"一词词语本身所蕴含的"度量"(或称量度)的一种计量,只不过是模糊计量。

根据张国宪(2006)的研究,程度性是所有形容词的典型语义特征。性质形容词的程度性特征主要表现在量潜能方面,也就是说性质形容词占据的是一个量幅,具有被不同量级的程度词切割的潜能。性质形容词能被不同量级程度词切割的潜能本质上是其自身量的弥散性语义特征的显露,量的弥散性与程度词的切割潜能成正比。典型性质形容词的量表述是通过句法手段来实现的,即用"程度词+形容词"的方式来完成弥散量到固化量的转化。

我们可以补充的是,在句法上含度量的斥量名词与性质形容词共现也是完成性质形容词量表述的一种方式,而且也可以实现性质形容词弥散量到固化量的转化,同时也实现了含度量的斥量名词自身度量的表述。

2. 利用谓词性词语模糊计量

除了利用性质形容词的程度性对含度量斥量名词进行模糊计量之外,还可以利用谓词性词语与之共现对其进行模糊计量,体现含度量的斥量名词词语内部所蕴含的度量,如:

(7) 大片的桑树被砍掉了,蚕丝的产量直线下降。(李学健《同意接受订货》,选自《我们爱科学》,国家语委语料库)

(8) 人们知道了我们与黑粉菌的关系,就设法让我们提早染病,提早产茭白,提高产量。[王坤仁《"植保专家"出诊记(上)》,选自《我们爱科学》,国家语委语料库]

(9) 它们的成虫在果实上产卵,幼虫孵化后钻进果实,取食发育,使果实腐烂早落,产量大大降低。(蔡威林《新来的海关检察员》,选自《我们爱科学》,国家语委语料库)

(10) 现在钢铁产量大量增加,飞机可以用钢铁制造嘛!(张冲《不该发出的通知书》,选自《我们爱科学》,国家语委语料库)

(11) 今年米糠油和玉米胚芽油产量有较大幅度增长。(《中国青年报》1979年10月4日,国家语委语料库)

(12) 但是如果制造硬纸板的厂商减缩产量,那么受到影响的便只有利用硬纸板做容器的厂商了。(郝明义《中小企业的经营》,国家语委语料库)

以上几例,无论"产量"在句中做主语还是做宾语,与之共现的谓词性词语一般为"下降、提高、降低、增加、增长、减缩"等,这些谓词性词语的词义特征一致,均蕴含[+量的增减]义,量的增减义可以体现这类斥量名词词语蕴含的度量。

从以上例句和分析可以看出,句法上可以用数量短语或数词与斥量名词"产量"共现对其进行精确计量,也可以用具有程度性的性质形容词在句法上与之共现对其进行模糊计量,或者是使用含有[＋量的增减]义等词义特征的谓词性词语与之共现,从而对其进行模糊计量。这从句法搭配上证明"产量"一词词语内部具有"度量"的词义特征。

另外,"产量"在句中也可做定语,不做赘述。

第三节　斥量名词斥量的语义动因

一、语义动因之一:数量特征无须额外编码

本章第一节分析的甲类绝对唯一量斥量名词(如"太阳""北斗星""前妻"等)所指对象一般具有绝对唯一性。乙类相对唯一量斥量名词(如"总统""主席""本国""上文"等)通常在特定语境中具有相对唯一性。所以普通名词可以前面受数量短语直接修饰进行计量,但这部分斥量名词因蕴含唯一量而排斥前面再次受数量短语直接修饰进行额外编码。

无论是甲类绝对唯一量斥量名词,还是乙类相对唯一量斥量名词,都具有唯一性,属于限定数量事物,含有[＋唯一量]的数量特征,使得这类名词相应地具有较高的斥量属性。前面我们提到过,可以计数是世界上大多数事物共同具有的特征,因此任何语言都有表达数量和事物的词类,汉语是其中有丰富量词的语言代表之一。一般情况下,在现代汉语中,数词和名词的组合需要量词的参与,量词的出现在数词和名词组合时具有某种强制性。但有些在数量上已经受限的事物,比如限定数量事物、集合概念和分类概念等一般具有较高的斥量属性。

总之，蕴含［＋唯一量］斥量名词排斥数量短语直接修饰的语义动因是该类名词所指称的对象具有唯一性，词语内部已经蕴含数/量特征，且为［＋唯一量］，无须再次受数量短语直接修饰进行额外编码。

甲$_a$类斥量名词和甲$_b$类专有名词，所指称的对象具有唯一性，蕴含［＋唯一量］的数/量特征，无须再次受数量短语修饰进行额外编码，但有时这类名词也可以再次编码，前提是其数词必须为"一"。如：

人人头顶一个老天爷。

中国出了一个孔子。

既说不能编码，又说有时可以再次编码，这看起来是矛盾的，实则不然。因为只有"数＋量＋名"结构中数词限用"一"，才能外化和凸显斥量名词［＋唯一量］的数/量特征，或者说该类斥量名词外在的语法表现与词语内部的语义特征才能保持和谐、一致。

另外，需要说明的是，"排斥"数量并不是绝对不能前加数量短语，前面多位时人前贤已经认识到这个问题。如"总统"虽然是唯一的，但在特殊语境下也可以受数量短语直接修饰进行计数。如 CCL 语料库中检索出了"两个总统"有效例句 5 个，以下举出其中 2 例。

(13) 1995 年底，全斗焕和卢泰愚被一起送上了"世纪审判"的被告席。同时审判两个总统，这在本世纪审判史上还是第一次。(《读者》合订本)

(14) 我们在那儿聊布什和普京这两个总统，美国总统俄罗斯总统哪个人口才比较好，哪个人外形比较好，哪个人……(《百家讲坛》6 月 8 日《金正昆谈礼仪之介绍礼仪》)

再如甲$_a$类绝对唯一量斥量名词"地狱"，在 CCL 语料库中检索到 6 例"一个地狱"，以下列举 3 例。

(15) 从那天早晨开始,我的生活便是一个地狱。(《我和父亲的战争》,选自《读者》合订本)

(16) 因为它把你放进一个地狱里去,在那里你感到上帝就在你身旁。(雨果《悲惨世界》(下)延边人民出版社 1999 年版,593 页)

(17) 在阳界之外的地狱中被焚烧的时候,你依然留在阳间,但是,却在另一个地狱中忍受着比上帝制造出来的更为猛烈的火焰的焚烧。(《荆棘鸟》)

没有检索出"两个地狱""三个地狱","数+量+名"结构中数词限用"一",跟"地狱"这类斥量名词[+唯一量]的数/量特征相适应。

再如"爹妈",在 CCL 语料库中检索出 3 例"一个爹妈",其中有效例句 2 例。

(18) 灵芝姑娘一口一个爹妈,一口一个狄英儿,一直哭到半夜。(曲波《奇袭虎狼窝》,51 页)

(19) 他俩是一个爹妈生的,不得不挑起这份担子。[《老舍文集:长篇小说》(2)]

(20) 为啥一个爹妈生的孩子不一样呢?(《作家文摘》1997A)

其中例(18)是对举使用的用法,可以排除,所以实际上真正有效的例句仅例(19)、例(20)两个例句,且这两例中数词均受限,限于"一"。

总之,这部分斥量名词词语内部蕴含唯一量的数量特征,即这类斥量名词所指称的对象具有绝对唯一性或相对唯一性,所以无法再次进行额外计量,也无须再次进行额外计量。在数量上已受限的事物,一般具有较高的斥量属性,这种语义动因表现在外在形式上,即该类名词一般排斥受数量短语直接修饰。

二、语义动因之二:数量特征不可重复编码

一部分斥量名词蕴含[＋精确量]的数量特征,即该类名词词语内部含有表"数"的构词语素,由于词语内部已经对数/量的特征进行了编码,因此在外在形式上即句法上,对这类名词不能再用数量短语直接修饰进行重复编码。

换言之,在数量上已经受限的事物即限定数量事物,同表集合概念名词和表分类概念的名词一样,一般都具有较高的斥量属性。

虽然这类斥量名词排斥数量短语直接修饰,但在句法上却常常要求表数成分共现凸显数量特征。

句法上常见的与[＋精确量]斥量名词共现的表数成分有:

1. 范围副词"都""全""均"等。
2. 表复数的代词"我们""你们""他们"等(构成同位短语)。
3. 集合量词、部分量词等。

我们先以"五官"为例进行说明。

(21) 如果五官都非常清晰,没有特别强调哪一部分的图片,说明对男人的要求就是平均。(六六《蜗居》)

(22) 一张不胖不瘦的不很长的脸,五官都很匀称,端正。(老舍《无名高地有了名》)

(23) 您的五官都好,就是眼睛不好。(《中国传统相声大全》)

(24) 最小的人物仅 5 毫米高,但五官均清晰可见。(新华社 2004 年 10 月份新闻报道)

(25) 他看着这个不认识的中国军人的脸变形了,五官全凸突出来,牙齿也一颗不落地暴露在嘴唇之外。(严歌苓《金陵十三钗》)

(26) 他的眼珠猛的往上一吊,脸上的肌肉用力的一扯,五官全挪了地方,好像要把台下的人都吃了似的。(老舍《四世同堂》)

从上述 6 个例子可以看出,斥量名词"五官"在句法上常常与"都""均""全"等范围副词共现。从语义上看,这些副词的语义均指向主语"五官",斥量名词"五官"与表数的副词"都""均""全"凸显了斥量名词"五官"蕴含的数/量特征。

我们再以"老两口"为例进行说明。

(27) 一位邻居是在大学里工作多年的老教授,子女们均在国外工作,他们老两口排队打分,好不容易分到三居一室的房子。(《1994 年报刊精选》05)

(28) 再说,我们老两口收入不低,家里没有经济负担,没必要让女儿也去挣大钱。(《1994 年报刊精选》08)

(29) 老两口都在北京,子女都在外地,要求调一子女来京照顾,这种情况是否征收城市容纳费?(《1994 年报刊精选》11)

(30) 登上山梁,只见一对年近 6 旬的老两口正在经营果园。(《人民日报》1993 年 10 月)

从上面的例句可以看出,例(27)"他们老两口"、例(28)"我们老两口"是用表复数的代词"他们""我们"对斥量名词"老两口"复指构成同位短语,在句法上用复数代词共现凸显其数/量特征。例(29)中范围副词"都"在句法上共现凸显其数/量特征,例(30)中集合量词"一对"在句法上与之共现间接修饰斥量名词"老两口"。这些句法表现都凸显了该斥量名词蕴含的数/量特征。

三、语义动因之三:数量特征不可矛盾编码

蕴含[一精确量]的斥量名词,词语内部包含"全""众""群"

"多""重""繁""满"等量化词构词语素，这些语素本身编码的是模糊量；普通名词被数量短语直接修饰则编码的是精确量。模糊量和精确量是性质完全不同的数/量，所以不能进行矛盾编码，因此这类[－精确量]斥量名词在句法上表现为排斥再受数量短语直接修饰。如，斥量名词"全省""繁花"，已蕴含"全""多"的模糊量，故不可再次使用数量短语直接修饰来精确计量。

除此以外，我们发现，个别[－精确量]斥量名词中的乙类斥量名词兼有名词、形容词或形容词属性词（即区别词）的词性，如，"死活"兼有名词和副词的词性，"好歹"兼有名词和副词的词性。

我们认为词的兼类的语义动因是受词语的隐性即深层次的语义特征驱使，兼类的背后有一定的语义动因。语法学家一般认为属性义是典型形容词的语义特征，而区别词更是被称为属性词。乙类斥量名词兼有名词、形容词或区别词三类，实际上反映了深层次上这三类词都含有模糊量、有程度义的语义特征，深层次的语义特征驱使它们可以兼有斥量名词、形容词和区别词三种词性。

四、语义动因之四：取值诉诸"数＋度量衡量词"

度量类斥量名词多表示物体的属性，蕴含[±精确量]的数量特征，在句法上需要"数＋度量衡量词"与之共现，取值诉诸"数＋度量衡量词"才能具体量化这些数/量特征。

（一）取值诉诸"数＋度量衡量词"

所谓的需要"数＋度量衡量词"共现，包括两种情况：一种情况是度量类斥量名词可受可变数量短语（"数＋度量衡量词"）间接修饰，即"数＋度量衡量词＋的＋度量类斥量名词"；一种情况是"数＋度量衡量词"做谓语，与主语的斥量名词共现，凸显其数量特征。

原价：

(31)"先生,这衣服打5折,很值的,原价1 260元,现在只卖630元,给您太太来一件吧。"(《当代》CABO120)

(32)杭州至昆明,1 610元的原价只要700多元。(新华社2001年10月份新闻报道)

航程：

(33)其中扫雷526艇次,航程近1.75万海里。(《中华人民共和国军事史要》)

(34)船只经苏伊士运河要比绕道好望角缩短8 000—10 000千米的航程,节省10—40天航行时间。(《中国儿童百科全书》)

上面例(31)"630元"、例(33)"1.75万海里"是"数+度量衡量词"做谓语与度量类斥量名词"原价""航程"共现,同样也可以说"原价很贵""航程非常远",分别凸显其蕴含的[±精确量]。例(32)、例(34)是用"数+度量衡量词"间接修饰度量类斥量名词"原价"和"航程"。

(二)指示区别词复指

度量类斥量名词还常常被赵元任(2005:257)所说的"指示区别词"(如"这个""那个")复指,斥量名词也可以单独做主宾语,但与"这个""那个"构成同位短语后可以更加自由地做主语、宾语。

如：

岁数：

(35)在上古那个年代,大部分的人,都是活到这个岁数无疾而终。(邱胜美《3分钟美丽急诊》)

(36)凡事看得开,生死荣辱都不太往心里去,要不他活不到他那个岁数。(汪曾祺《云致秋行状》)

温度:

(37) 一般来说,食物加热到60℃即可。这个温度与沸点之间保持着一个适当的安全距离。(网络语料网页C000013)

(38) 每一种气体都有一个特有的温度,高于这个温度,无论施加多大压力,也不会液化,这个温度叫做临界温度。(《中国儿童百科全书》)

在上述四例中,如没有指示区别词的复指,斥量名词不能自由做主宾语。

(三) 被"数+度量衡量词"间接修饰

度量类斥量名词有时候可以受"数+度量衡量词"间接修饰。

前面第二章第一节中我们提到,"数+量+名"结构是汉语最常见的数量短语修饰名词的结构。但除了"数+量+名"结构,汉语中还有"数+量+名"结构的一些变异形式,前文已经提及,如下:

1. "数+动量词+名"结构。如:一场输赢、一两次得失。

2. "数量名+的+名"结构。如:两个团的兵力、十万册的销量、10万+的浏览量。

3. "数量+的+名"结构。如:一个身子的宽度、两寸的厚度、2.7米的层高。

4. "数量+名"结构。如:一个大局、全身力气、半辈子历程。

其中涉及被"数+度量衡量词"间接修饰的度量类斥量名词的为第3种情况,即"数量+的+名"结构。

五、语义动因之五:数量特征无法编码

一部分斥量名词蕴含隐喻义、色彩义等特定意义,词语表示的意义边界不清,相对于[唯一量][＋精确量][－精确量][±精确量]而言,我们称之为[无量]。"无量"是一种量的极端表现,表现在句法上,这些名词很难再用数量短语直接修饰进行计量,即很难量化。

但其中有个别斥量名词可受动量词修饰或被动量词构成的指量短语复指。如:

败绩:

(39) 但这次却是他一生中唯一的一次败绩,是第一次也是最后一次。(《作家文摘》1996B)

(40) 活塞队的斯塔克豪斯如今登上得分榜的首席,上周又取得平均 35.5 分和 7.5 次助攻,可惜球队 4 战就吃了 3 次败绩。(新华社 2001 年 1 月份新闻报道)

(41) 尽管只有一场败绩,但渴望胜利的墨西哥媒体开始对拉沃尔佩的执教能力产生怀疑。(新华社 2003 年 6 月份新闻报道)

(42) 韩国队虽然也表现不错,不过在阿根廷队强大的攻势面前,后防的一时大意酿成一周内两次败绩。(新华社 2003 年 6 月份新闻报道)

(43) 徐寅生凝神片刻,先对这次败绩进行了评价,中国队只是以微弱的比分输了这场球……(《人民日报》2000 年)

可以看出,"败绩"一词在例(39)(40)(41)(42)中被动量词"次""场"直接修饰,在例(43)中被指量短语"这次"复指。

总而言之,根据我们对斥量名词的语义特征和构词特征的分析以及斥量名词的语义动因,可以看出尽管斥量名词表面上看起来语义特征较为复杂,但其实都含有量度义。这里的"量度"包含"数量"与"程度"两个方面。因此,对斥量名词可以用数值的方式对其"数量"进行精确计量,也可以用形容词对其"程度"进行模糊计量。精确计量和模糊计量正好反映了斥量名词所代表的抽象事物的"量化属性"和"模糊属性"。所以说,量度义和属性义是对斥量名词所蕴含语义的不同角度的描述,是一致的。

空间性是一般有量名词的语义特征,程度性是一般形容词的语义特征,我们认为量度性是一般斥量名词的语义特征。

第四章　斥量名词隶属度考察与分析

袁毓林等(2009)提出了词类的隶属度(degree of membership)问题,并制定了《各种词类的隶属度量表》,用于在量上确定词类属性模糊的词的词类归属问题,并较好地做到了词有定类、类中有别。他指出,词类是一种原型范畴,同一个词类之中不同的词在用法上参差不齐,所以,这些词从属于这一词类的程度(即隶属度)是大小不等的。其中,典型成员的隶属度要大一点儿,非典型成员的隶属度要小一点儿。(0.4,Ⅵ)

袁毓林等(2009)在用词类量表对某个词语相对于有关词类的得分和隶属度进行测量之后,还用自然语言中的模糊词语,从成员资格的典型性的角度,对该词相对于有关词类的词类归属做出定性式说明。其基本的衡量尺度如下:

(1) 典型:积分100。

(2) 比较典型:积分99—80。

(3) 不太典型:积分79—60。

(4) 很不典型:积分59—45。

(5) 无法归入:积分45分以下。

我们以袁毓林等(2009)《名词的隶属度量表》为依据,选取斥量名词各类中部分名词,考察其名词隶属度的问题。与此同时,从斥量名词的名词隶属度分析也能很好地观察出斥量名词的句法表现。

第一节 斥量名词隶属度考察

一、[+唯一量]斥量名词隶属度

甲类[+唯一量]斥量名词(绝对唯一性),如:

甲$_a$:苍穹　宇宙　老天爷　大自然　地狱　爹妈　长女

甲$_b$:故宫　孔子　曼哈顿

乙类[+唯一量]斥量名词(相对唯一性),如:

乙$_a$:总统　官方　电信　原籍　隔壁　财政

乙$_b$:上文　本文　贵处

以下从自国家语委语料库现代汉语语料库和 CCL 语料库选取一些例句:

1.苍穹

天空。[《现代汉语词典》(第 7 版),127 页]

对于名词的分布特征的适应情况:

(1) 不能受数量词的修饰。得 0 分。

(2) 不能受副词的修饰。得 20 分。

(3) 可以做典型的主语或宾语。得 20 分。

如:仰望~。|一根根剑也似的石柱,突兀地伸向~。|~深远无垠。|无边的~变成了一条淡蓝色丝带。

(4) 可以做中心语受其他名词修饰,或者做定语直接修饰其他名词。得 10 分。

如:在巨大的、有如锅盖覆盖着人类的宇宙~之下,人显得微不足道。|~劲旅|春天的~。

(5) 可以后附助词"的"构成"的"字结构,然后做定语。得 10 分。

如:天空没有乌云,～的颜色却不是蓝的,也不是黑的。|一轮明月挂在～的边缘,银色的月光铺满了大地。|眼前有乌云遮蔽看不到～的光亮,但总该相信雨后必有晴天。

(6) 可以后附方位词构成处所结构,做"在""到""从"等介词的宾语,这种介词结构又可以做状语或补语修饰动词性成分。得 10 分。

如:矗立在～下|一个声音从～中灌下来|在这大地～中,作为你荣耀的见证。|巨型客机在～中飞行。

(7) 不能做谓语和谓语核心(所以,一般不能够带宾语,也不能受状语和补语的修饰,并且不能后附时体助词"着""了""过")。得 10 分。

(8) 不能做补语,并且一般不能做状语直接修饰动词性成分(只有少数名词可以通过省略"用""通过"等介词直接做状语修饰动词性成分)。得 10 分。

结论:名词,积分 90 分,隶属度 0.9,"苍穹"属于比较典型的名词。

2. 宇宙

包括地球及其他一切天体的无限空间。[《现代汉语词典》(第 7 版),1599 页]

对于名词的分布特征的适应情况:

(1) 不能受数量词的修饰。得 0 分。

(2) 不能受副词的修饰。得 20 分。

(3) 可以做典型的主语或宾语。得 20 分。

如:探索～|外星人争夺～|～怎样形成?|时间虽变幻,～却永恒。

(4) 可以做中心语受其他名词修饰,或者做定语直接修饰其他名词。得 10 分。

如:～现象|～火箭|～隧道|～地质勘探队|～航行图|～医学课程|～大战|～探险|～列车。

(5) 可以后附助词"的"构成"的"字结构,做主语、宾语和定语。得 10 分。

如:～的基本结构|～的年龄|～的进化|～的主人|～的真实面目|～的定律。

(6) 可以后附方位词构成处所结构,做"在""到""从"等介词的宾语,这种介词结构又可以做状语或补语修饰动词性成分。得 10 分。

如:在～中探索|从～中把物质去掉|当人类的力量足以使自身在～中占据主宰地位的时候,自然就成为人类征服和统治的对象。|地球并不是～中的一个十分特别的行星。

(7) 不能做谓语和谓语核心(一般不能够带宾语,也不能受状语和补语的修饰,并且不能在其后附加时体助词"着""了""过")。得 10 分。

(8) 不能做补语,并且一般不能做状语直接修饰动词性成分(只有少数名词可以通过省略"用""通过"等介词直接做状语修饰动词性成分)。得 10 分。

结论:名词,积分 90 分,隶属度 0.9,"宇宙"属于比较典型的名词。

3. 老天爷

民间认为天上有个主宰一切的神,尊称这个神叫老天爷。现多用来表示惊叹:～,这是怎么回事儿![《现代汉语词典》(第 7 版),785 页]

对于名词的分布特征的适应情况:

(1) 不能受数量词的修饰。得 0 分。

(2) 不能受副词的修饰。得 20 分。

(3)可以做典型的主语或宾语。得 20 分。

如:~帮助有福之人。|~偏让我生男孩。|斗不过~。|感谢~!|恰好这时,~下起了大雨。

(4)不能做中心语受其他名词修饰,也不能做定语直接修饰其他名词。得 0 分。

(5)可以后附助词"的"构成"的"字结构,做主语、宾语和定语。得 10 分。

如:这真是~的恩典啊!|农业生产的条件很落后,基本上还是在吃~的饭。|也许是~的赐予吧。|不用再看~的脸色了。|美国网球公开赛似乎并不讨~的欢心。

(6)不能后附方位词构成处所结构(然后做"在""到""从"等介词的宾语,这种介词结构又可以做状语或补语修饰动词性成分)。得 0 分。

(7)不能做谓语和谓语核心(一般不能带宾语,也不能受状语和补语的修饰,并且不能在其后附加时体助词"着""了""过")。得 10 分。

(8)不能做补语,并且一般不能做状语直接修饰动词性成分。得 10 分。

结论:名词,积分 70 分,隶属度 0.7,属于不太典型的名词。

下面再来考察"老天爷"对于表人名词的分布特征的适应情况。

(1)一般不能受数量词修饰,并且不能受副词修饰。得 10 分。

(2)可以做典型的主语和宾语,并且可以后附助词"的"构成"的"字结构,然后做主语、宾语、定语。得 10 分。

如:咱们大金国的一切行动,~都是支持的。|~开恩啊,赏给俺三千斤宝参!|哪个人残忍,~自然知道。|事情没做完,~

不会收我去的。

全靠～的帮忙。|～的怪脾气影响不了足球比赛的魅力。

(3) 可以做中心语受同位性定语修饰和做同位性定语修饰其他名词。得 20 分。

如：人家～|～他老人家。

(4) 不能做谓语和谓语核心（不能带宾语，也不能受状语和补语的修饰，也不能后附时体助词"着""了""过"）。得 10 分。

(5) 不能做补语，也不能做状语直接修饰动词性成分，并且不能后附方位词构成处所结构，作为"在""到""从"等介词的宾语。得 10 分。

(6) 可以用"谁"或"哪个人"提问，并且可以用"他"或"这个人""那个人"指代（可以用"谁""哪个人"来替换表人名词，从而构成一个疑问句；针对有"谁""哪个人"的句子，可以用表人名词"他""这个人""那个人"来回答）。得 10 分。

如：谁帮了大忙？～。|丰歉谁当家？～当家。

(7) 可以后附或者前附"他"来复指，并且可以后附"他们"来表示复数。得 30 分。

如：～他不会总是喜欢某些人的。

结论：名词，积分 100 分，隶属度 1.0，"老天爷"属于典型的表人名词。

需要说明的是，第(7)条"可以后附或前附'他'来复指，并且可以后附'他们'来表示复数"，这里的合取"并且"必须改成析取"或者"。因为这类斥量名词蕴含[＋唯一量]，"老天爷"一词本身所指对象为唯一的，如可以后附或前附"他"来复指，就不能后附"他们"来表示复数。这类斥量名词还有如"爹妈"，如能后附"他们"表示复数，就不能同时前附或后附"他"

来复指。这也是这类斥量名词与普通的表人名词相区别的地方。

4. 大自然

自然界。[《现代汉语词典》(第 7 版),248 页]

对于名词的分布特征的适应情况:

(1) 不能受数量词的修饰。得 0 分。

(2) 不能受副词的修饰。得 20 分。

(3) 可以做典型的主语或宾语。得 20 分。

如:～是美的源泉。|～创造了一个奇迹。|战胜～|没有同时保护～|改造～。

(4) 可以做中心语受其他名词修饰,也可以做定语直接修饰其他名词。得 10 分。

如:这真是少见的～杰作。|～景色|一面游荡,一面欣赏～美景。

(5) 可以后附助词"的"构成"的"字结构,做主语、宾语和定语。得 10 分。

如:～的产物|关于～规律的知识|了解～的奥妙|很难真正地理解～的美|～的怀抱。

(6) 可以后附方位词构成处所结构,做"在""到""从"等介词的宾语,这种介词结构又可以做状语或补语修饰动词性成分。得 10 分。

如:在～中,金刚石又少又小。|消失在～面前|在～里苦苦挣扎|人们尊重～中的各种创造物。

(7) 不能做谓语和谓语核心(一般不能带宾语,也不能受状语和补语修饰,并且不能后附时体助词"着""了""过")。得 10 分。

(8) 不能做补语,并且一般不能做状语直接修饰动词性成分。得 10 分。

结论:名词,积分 90 分,隶属度 0.9,"大自然"属于比较典型的名词。

5. 地狱

① 某些宗教指人死后灵魂受苦的地方(跟"天堂"相对)。

② 比喻黑暗而悲惨的生活环境。[《现代汉语词典》(第 7 版),286 页]

对于名词的分布特征的适应情况:

(1) 不能受数量词的修饰。得 0 分。

(2) 不能受副词的修饰。得 20 分。

(3) 可以做典型的主语或宾语。得 20 分。

如:~象征痛苦。|~又怎么样?它也属于宇宙。|它使我几乎坠入~。|我不入~,谁入~?|做得好,一步登天;做不好,打入~!

(4) 可以做中心语受其他名词修饰,也能做定语直接修饰其他名词。得 10 分。

如:人间~|~边缘|~天使|~门前。

(5) 可以后附助词"的"构成"的"字结构,做主语、宾语和定语。得 10 分。

如:佛教的~|信仰的~|"阎罗"是传说里管~的神。

(6) 可以后附方位词构成处所结构,做"在""到""从"等介词的宾语,这种介词结构又可以做状语或补语修饰动词性成分。得 10 分。

如:到~中受相应的刑罚|惨死在~里|简直是往~里走|恍如~中的场面|跑到~里去了。

(7) 不能做谓语和谓语核心(一般不能带宾语,也不能受状语和补语的修饰,并且不能后附时体助词"着""了""过")。得

10分。

（8）不能做补语，并且一般不能做状语直接修饰动词性成分。得10分。

结论：名词，积分90分，隶属度0.9，"地狱"属于比较典型的名词。

6. 爹妈

对于名词的分布特征的适应情况：

（1）不能受数量词修饰。得0分。

（2）不能受副词修饰。得20分。

（3）可以做典型的主语或宾语。得20分。

如：～已在九泉之下。|～没教过。|～首先想的，就是给福林说亲。|你从小没有～，你就是我的亲闺女。|～给了一副好嗓子。

（4）可以做中心语受其他名词修饰，也可以做定语直接修饰其他名词。得10分。

如：孩子～|～厂里|～身边|～坟前。

（5）可以后附助词"的"构成"的"字结构，做主语、宾语和定语。得10分。

如：房子是～的。|这意见是～的。|知道了～的下落。|～的脸色黄中泛白。

（6）可以后附方位词构成处所结构，做"在""到""从"等介词的宾语，这种介词结构又可以做状语或补语修饰动词性成分。得10分。

如：站在～面前|不知道他在～面前是怎么交代的。

（7）不能做谓语和谓语核心（一般不能带宾语，也不能受状语和补语的修饰，也不能后附时体助词"着""了""过"）。得10分。

(8)不能做补语,并且一般不能做状语直接修饰动词性成分。得10分。

结论:名词,积分90分,隶属度0.9,"爹妈"属于比较典型的名词。

下面再来考察"爹妈"对于表人名词的分布特征的适应情况。

(1)一般不能受数量词修饰,并且不能受副词修饰。得10分。

(2)可以做典型的主语和宾语,并且可以后附助词"的"构成"的"字结构,做主语、宾语、定语。得10分。

如:很久没见～了。|家里困难,～连饭也吃不饱。|～养了我十八年。|那姑娘从小没～。|你们哪,不配做～!|房子是～的。|这意见是～的。

(3)可以做中心语受同位性定语修饰和做同位性定语修饰其他名词。得20分。

如:人家～|～俩人|～两个人|我开始喊他们～。

(4)不能做谓语和谓语核心(不能带宾语,也不能受状语和补语的修饰,也不能后附时体助词"着""了""过")。得10分。

(5)不能做补语,也不能做状语直接修饰动词性成分,并且不能后附方位词构成处所结构,做"在""到""从"等介词的宾语)。得10分。

(6)可以用"谁"或"哪个人"提问,并且可以用"他"或"这个人""那个人"指代(可以用"谁""哪个人"来替换表人名词,从而构成一个疑问句;针对有"谁""哪个人"的句子,可以用表人名词"他""这个人""那个人"来回答)。得10分。

如:谁/哪个人不同意这门亲事?～/他们。

(7)可以前附"他"来复指,并且可以后附"他们"来表示复数。得 30 分。

如:~他们。

结论:名词,积分 100 分,隶属度 1.0,"爹妈"属于典型的表人名词。

需要说明的是,第(7)条"可以前附'他'来复指,并且可以后附'他们'来表示复数",这里的合取"并且"必须改成析取"或者"。因为这类斥量名词蕴含[＋唯一量],"爹妈"一词本身所指对象为两人,如能后附"他们"表示复数,就不能同时前附"他"来复指,这是矛盾的。这也是这类斥量名词与普通的表人名词相区别的地方。

7. 长女

对于表人名词的分布特征的适应情况:

(1) 一般不能受数量词修饰,并且不能受副词修饰。得 10 分。

(2) 可以做典型的主语和宾语,并且可以后附助词"的"构成"的"字结构做主语、宾语、定语。得 10 分。

如:我是~。|~早已出嫁。|国王把国土分给了虚伪自私的~。

家产是~的。|~的(家产)多,次女的少。

(3) 可以做中心语受同位性定语修饰和做同位性定语修饰其他名词。得 20 分。

如:~静鑫|殷秀茂~。

(4) 不能做谓语和谓语核心(不能带宾语,不能受状语和补语的修饰,也不能后附时体助词"着""了""过")。得 10 分。

(5) 不能做补语,也不能做状语直接修饰动词性成分,也不能后附方位词构成处所结构做"在""到""从"等介词的宾语。得 10 分。

(6) 可以用"谁"或"哪个人"提问,并且可以用"他"或"这个人""那个人"指代。(可以用"谁""哪个人"来替换表人名词,从而构成一个疑问句;针对有"谁""哪个人"的句子,可以用表人名词"他""这个人""那个人"来回答)。得 10 分。

如:谁/哪个人早已出嫁? ～/她/这个人。

(7) 可以后附或前附"他"来复指,并且可以后附"他们"来表示复数。得 30 分。

如:～她早已出嫁。

结论:名词,积分 100 分,隶属度 1.0,"长女"属于典型的表人名词。

同样需要说明的是,第(7)条的合取必须改成析取。因为这类斥量名词蕴含[＋唯一量],不能后附"他们"表示复数。这也是这类斥量名词与普通的表人名词相区别的地方。

8. 总统

对于表人名词的分布特征的适应情况:

(1) 一般不能受数量词修饰,并且不能受副词修饰。得 10 分。

(2) 可以做典型的主语和宾语,并且可以后附助词"的"构成"的"字结构做主语、宾语、定语。得 10 分。

如:～一直不同意幼女从影。|～允诺给我们 5 000 万美元的援助。|他当上了～。|在这短短的两天里,我们要重起炉灶,构筑尼克松～的访问基础。|我,一个黑孩子,居然坐上美国～的宝座,成为美国最有权力的人,我真是乐不可言。

(3) 可以做中心语受同位性定语修饰和做同位性定语修饰其他名词。得 20 分。

如:罗斯福～|～布什|美国前～尼克松。

(4) 不能作谓语和谓语核心(不能带宾语,也不能受状语和补语的修饰,也不能后附时体助词"着""了""过")。得10分。

(5) 不能做补语,也不能做状语直接修饰动词性成分,并且不能后附方位词构成处所结构做"在""到""从"等介词的宾语。得10分。

(6) 可以用"谁"或"哪个人"提问,并且可以用"他"或"这个人""那个人"指代。(可以用"谁""哪个人"来替换表人名词,从而构成一个疑问句;针对有"谁""哪个人"的句子,可以用表人名词"他""这个人""那个人"来回答)。得10分。

如:谁/哪个人下的命令? ～|他/那个人～下的命令。

(7) 可以后附或前附"他"来复指,并且可以后附"他们"来表示复数。得30分。

如:布什～他早已下台。|东道主阿里亚斯～他再三强调会议的意义。

结论:名词,积分100分,隶属度1.0,"总统"属于典型的表人名词。

同样需要说明的是,第(7)条的合取必须改成析取,因为这类斥量名词蕴含[+唯一量],不能后附"他们"表示复数。这是它们与普通的表人名词相区别的地方。

9. 官方

政府方面:～消息|～人士|～评论|他的发言不代表～。[《现代汉语词典》(第7版),480页]

对于名词的分布特征的适应情况:

(1) 不能受数量词修饰。得0分。

(2) 不能受副词修饰。得20分。

(3) 可以做典型的主语或宾语。得20分。

如:～禁止非法捕猎。|～发布消息。|美国～承认|已将文件传递给～。

(4) 可以做中心语受其他名词修饰,或者做定语直接修饰其他名词。得 10 分。

如:~言论|~政策|~色彩|~行动|~文件|~语言|~消息|~场合|~机构

(5) 可以后附助词"的"构成"的"字结构做主语、宾语或定语。得 10 分。

如:全部是来自~的消息。|无论是~的(财产),还是私人的,都必须登记。

(6) 可以后附方位词构成处所结构,做"在""到""从"等介词的宾语,这种介词结构又可以做状语或补语修饰动词性成分。得 10 分。

如:从~到民众掀起慈善浪潮。|从~到企业,都或明或暗地发出了要求降息的呼声。|从~层面上对这个信息进行解读。

(7) 不能做谓语和谓语核心(一般不能带宾语,也不能受状语和补语的修饰,并且不能后附时体助词"着""了""过")。得 10 分。

(8) 不能做补语,并且一般不能做状语直接修饰动词性成分。得 10 分。

结论:名词,积分 90 分,隶属度 0.9,"官方"属于比较典型的名词。

10. 电信

利用电话、电报或无线电设备等传送信息的通信方式。旧称电讯。[《现代汉语词典》(第 7 版),296 页]

对于名词的分布特征的适应情况:

(1) 不能受数量词修饰。得 0 分。

(2) 不能受副词修饰。得 20 分。

(3) 可以做典型的主语或宾语。得 20 分。

如:在这里～和电脑对于信息和知识的交换起着全局性的战略作用。|粤汉等铁路工人拆毁铁路,截断～。

(4) 可以做中心语受其他名词修饰,或者做定语直接修饰其他名词。得10分。

如:～网络|～设备|～线路|～业务|～技术|～部门|集团～|～网络。

(5) 可以后附助词"的"构成"的"字结构做主语、宾语或定语。得10分。

如:～的速度快(这里指的是网速)。|1876年,～的历史揭开了新的一页:电话发明了。

(6) 可以后附方位词构成处所结构,做"在""到""从"等介词的宾语,这种介词结构又可以做状语或补语修饰动词性成分。得10分。

如:在～方面|我们在～上的持续发展后劲明显不足。|每个月的钱都花在～上。

(7) 不能做谓语和谓语核心(一般不能带宾语,也不能受状语和补语的修饰,并且不能后附时体助词"着""了""过")。得10分。

(8) 不能做补语,并且一般不能做状语直接修饰动词性成分。得10分。

结论:名词,积分90分,隶属度0.9,"电信"属于比较典型的名词。

11. 原籍

原先的籍贯(区别于"寄籍、客籍"):～浙江,寄籍北京。[《现代汉语词典》(第7版),1610页]

对于名词的分布特征的适应情况:

(1) 不能受数量词的修饰。得0分。

(2) 不能受副词的修饰。得 20 分。

(3) 可以做典型的主语或宾语。得 20 分。

如：～为宋南京(今河南商丘)人。|郑振铎,笔名西谛,～福建省长乐县。|小名竹子,和母亲一道被赶回～。|退归～。|想调回～。

(4) 可以做中心语受其他名词修饰,或者做定语直接修饰其他名词。得 10 分。

如：华侨国内～|～村镇|～民政部门|每年底把战士的学习训练情况寄给～乡政府、村委会和战士家里。

(5) 可以后附助词"的"构成"的"字结构做主语、宾语或定语。得 10 分。

如：～的工作派遣证|～的户口证明|现在对西藏已采用八年定期工作,到期可回～的政策。

(6) 可以后附方位词构成处所结构,做"在""到""从"等介词的宾语,这种介词结构又可以做状语或补语修饰动词性成分。得 10 分。

如：在～被公安机关捕获|为数不少的公民在～之外有了自己的新居。|他贷款十四万元,在～河南省济源县县城办起了"八一"汽车运输公司,并于今年元月开张营业。

(7) 不能做谓语和谓语核心(一般不能够带宾语,也不能受状语和补语的修饰,并且不能后附时体助词"着""了""过")。得 10 分。

(8) 不能做补语,并且一般不能做状语直接修饰动词性成分。得 10 分。

结论：名词,积分 90 分,隶属度 0.9,"原籍"属于比较典型的名词。

12. 隔壁

左右相毗连的屋子或人家：左～｜去～串门。［《现代汉语词典》(第 7 版)，441 页］

对于名词的分布特征的适应情况：

(1) 不能受数量词的修饰。得 0 分。

(2) 不能受副词的修饰。得 20 分。

(3) 可以做典型的主语或宾语。得 20 分。

如：～响起很脆、充满稚气的童音。｜裴庆用手指指～。｜～有人在大声问。

(4) 可以做中心语受其他名词修饰，或者做定语直接修饰其他名词。得 10 分。

如：我家～｜～邻居｜～单元｜～办公室｜～房间｜～大礼堂。

(5) 可以后附助词"的"构成"的"字结构做主语、宾语或定语。得 10 分。

如：这只狗是～的。｜～的人家很吵。｜把消息赶紧告诉～的。

(6) 可以后附方位词构成处所结构，做"在""到""从"等介词的宾语，这种介词结构又可以做状语或补语修饰动词性成分。得 10 分。

如：住在～学校内｜从～房间里传出呼喊声｜坐在～观察室里｜从～的阳台上，正有一个神采奕奕的阿姨探过头来哩。

(7) 不能做谓语和谓语核心(一般不能够带宾语，也不能受状语和补语的修饰，并且不能后附时体助词"着""了""过")。得 10 分。

(8) 不能做补语，并且一般不能做状语直接修饰动词性成分。得 10 分。

结论：名词，积分 90 分，隶属度 0.9，"隔壁"属于比较典型的名词。

13. 财政

政府部门对资财的收入与支出的管理活动:~收入|~赤字。[《现代汉语词典》(第 7 版),119 页]

对于名词的分布特征的适应情况:

(1) 不能受数量词的修饰。得 0 分。

(2) 不能受副词的修饰。得 20 分。

(3) 可以做典型的主语或宾语。得 20 分。

如:~困难|~紧张|币制与~关系密切|从 1980 年开始,~对行政事业单位实行了预算包干办法。|紧缩~。

(4) 可以做中心语受其他名词修饰,或者做定语直接修饰其他名词。得 10 分。

如:国家~|赤字~|中国~|中央~|~体制|~政策|~收支|~管理|~报告|~负担|~预算|~部门。

(5) 可以后附助词"的"构成"的"字结构做主语、宾语或定语。得 10 分。

如:币制改革的目的,必须是经济的,而不是~的。|美国公民复决的重要法律主要包括三类:一是关于政治组织和选举制度的,二是关于税收和~的,三是……

(6) 可以后附方位词构成处所结构,做"在""到""从"等介词的宾语,这种介词结构又可以做状语或补语修饰动词性成分。得 10 分。

如:在~上的援助|从乡~中拿出一点解决|从~上看,问题很多。

(7) 不能做谓语和谓语核心(一般不能够带宾语,也不能受状语和补语的修饰,并且不能后附时体助词"着""了""过")。得 10 分。

(8) 不能做补语,并且一般不能做状语直接修饰动词性成分。得10分。

结论:名词,积分90分,隶属度0.9,"财政"属于比较典型的名词。

14. 上文

书中或文章中某一段或某一句以前的部分。[《现代汉语词典》(第7版),1147页]

对于名词的分布特征的适应情况:

(1) 不能受数量词的修饰。得0分。

(2) 不能受副词的修饰。得20分。

(3) 可以做典型的主语或宾语。得20分。

如:~已经说明人有恶性。|关于前者,~已经谈过了。|~说过,经济愈发达,地租愈高。|总结~,我的意思是希望我们这个人生观很随便的民族,要多多注意人类的态度观。

(4) 可以做中心语受其他名词修饰,或者做定语直接修饰其他名词。得10分。

如:~记者提过一个四岁的孩子,那还是耳闻。|~所说物的边际效用,决定物的价值。|了解到这一点,才能明白~所云……

(5) 可以后附助词"的"构成"的"字结构做主语、宾语或定语。得10分。

如:增加"花下",同~的"樱花烂漫"相辉映,把一部分"清国留学生"们所陶醉的鸟语花香的环境描绘得更具体。|下文对~的影响。

(6) 可以后附方位词构成处所结构,做"在""到""从"等介词的宾语,这种介词结构又可以做状语或补语修饰动词性成分。得10分。

如:在~中已经深入讨论过了。|从~中所述来看|毛泽

东同志针对这一情况,在~中提出要加重轻工业的投资时说……

(7) 不能做谓语和谓语核心(一般不能带宾语,也不能受状语和补语的修饰,并且不能后附时体助词"着""了""过")。得10分。

(8) 不能做补语,并且一般不能做状语直接修饰动词性成分。得10分。

结论:名词,积分90分,隶属度0.9,"上文"属于比较典型的名词。

15. 本文

① 所指的这篇文章:~准备谈谈经济问题。

② 原文(对"译文、注解"而言)。[《现代汉语词典》(第7版),62页]

对于名词的分布特征的适应情况:

(1) 不能受数量词的修饰。得0分。

(2) 不能受副词的修饰。得20分。

(3) 可以做典型的主语或宾语。得20分。

如:~试图按照毛泽东同志的这个指示,就费尔巴哈的认识谈论一点个人的体会。|~拟从这方面予以分析。|~分三部分论述。|~主要谈谈有关结婚登记的问题。

(4) 可以做中心语受其他名词修饰,或者做定语直接修饰其他名词。得10分。

如:~开头|~作者|~主人公|公民身份乃~范围以外的问题|~一开头引用的那句唐诗。

(5) 可以后附助词"的"构成"的"字结构做主语、宾语或定语。得10分。

如:~的内容,是从币值说起。|我们在~的第一个问题中

已经做了阐述。|这个红皮本子,就是～"引子"里已经出现过的。|限于篇幅与～的主题。

(6) 可以后附方位词构成处所结构,做"在""到""从"等介词的宾语,这种介词结构又可以做状语或补语修饰动词性成分。得 10 分。

如:在～中,仅就它的大概轮廓,做一点简单的介绍。|在～内,我们来分析一下,十九世纪六十至九十年代中国的先进人物宣传了什么样的"西学"。|现在看来很不全面,所以在～中采用了"兼语式"的术语。

(7) 不能做谓语和谓语核心(一般不能带宾语,也不能受状语和补语的修饰,并且不能后附时体助词"着""了""过")。得 10 分。

(8) 不能做补语,并且一般不能做状语直接修饰动词性成分。得 10 分。

结论:名词,积分 90 分,隶属度 0.9,"本文"属于比较典型的名词。

16. 贵处

敬辞,用于称跟对方有关的事物。[《现代汉语词典》(第 6 版),492 页]

对于名词的分布特征的适应情况:

(1) 不能受数量词的修饰。得 0 分。

(2) 不能受副词的修饰。得 20 分。

(3) 可以做典型的主语或宾语。得 20 分。

如:～是萧山?|经广西边境抵达～。|派我方技术人员到～,请予接洽。|～景色优美,令人大开眼界,实是不虚此行。

(4) 可以做中心语受其他名词修饰,或者做定语直接修饰其他名词。得 10 分。

如:兹附支票一张以结清～账目。|敌军轰炸机在～附近失事。|留个纪念,二来有鄙人签名的书,收藏家都会出重价抢买,就算赔偿～房屋的修理费。

(5) 可以后附助词"的"构成"的"字结构做主语、宾语或定语。得 0 分。

(6) 可以后附方位词构成处所结构,做"在""到""从"等介词的宾语,这种介词结构又可以做状语或补语修饰动词性成分。得 10 分。

如:别的旅店全客满了,我俩在～借住行吗?|偌大的堪萨斯城,我并不是只能在～工作。|存在不公或其他影响较大的问题应经何种渠道反映?是否可以直接向～申诉?

(7) 不能做谓语和谓语核心(一般不能带宾语,也不能受状语和补语的修饰,并且不能后附时体助词"着""了""过")。得 10 分。

(8) 不能做补语,并且一般不能做状语直接修饰动词性成分。得 10 分。

结论:名词,积分 80 分,隶属度 0.8,"贵处"属于比较典型的名词。

二、[+精确量]斥量名词隶属度

1. 一线

① 战争的最前线。

② 第一线:深入车间慰问～工人。[《现代汉语词典》(第 7 版),1539 页]

对于名词的分布特征的适应情况:

(1) 不能受数量词的修饰。得 0 分。

(2) 不能受副词的修饰。得 20 分。

(3) 可以做典型的主语或宾语。得 20 分。

如：公仆在～。|长安街～，早六时至晚九时禁止小型货运机动车通行。|常年战斗在～。

(4) 可以做中心语受其他名词修饰，或者做定语直接修饰其他名词。得 10 分。

如：～岗位|～工人|～工作|～城市|～明星|～教师|加强～警力。

(5) 可以后附助词"的"构成"的"字结构做主语、宾语或定语。得 10 分。

如：副总经理的负担很重，经常要参与～的工作。|米兰是世界著名的时尚之都，这里诞生了许多世界～的设计大师。|从经理到装配～的工人，所有的人都在同一餐厅用餐。

(6) 可以后附方位词构成处所结构，做"在""到""从"等介词的宾语，这种介词结构又可以做状语或补语修饰动词性成分。得 10 分。

如：我们辛辛苦苦在～劳作，不停地为国家积累财富。|要重视培养农村人才，做好在生产～中发展青年党员的工作。|1.4 万人从～岗位上下来。|凡在～工作 15 年以上的工人可每年享受 15 天休假待遇。

(7) 不能做谓语和谓语核心（一般不能带宾语，也不能受状语和补语的修饰，并且不能后附时体助词"着""了""过"）。得 10 分。

(8) 不能做补语，并且一般不能做状语直接修饰动词性成分。得 10 分。

结论：名词，积分 90 分，隶属度 0.9，"一线"属于比较典型的名词。

2. 双方

在某一件事情上相对的两个人或集体：男女～｜缔约国～｜～互不相让。[《现代汉语词典》(第 7 版)，1222 页]

对于名词的分布特征的适应情况：

(1) 不能受数量词的修饰。得 0 分。

(2) 不能受副词的修饰。得 20 分。

(3) 可以做典型的主语(不常作宾语)。得 20 分。

如：～似乎要互相厮打起来。｜～均属再婚。｜～各陈利弊得失，报纸上颇热闹过一阵子。｜几天后，～果然达成协议。

(4) 可以做中心语受其他名词修饰，或者做定语直接修饰其他名词。得 10 分。

如：夫妻～｜男女～｜当事国～｜矛盾～｜劳资～｜～家庭｜在今后适当的时候，中日～还将组织力量对梅里雪山再进行一次搜索，查找遇难队员。｜～队员。

(5) 可以后附助词"的"构成"的"字结构做主语、宾语或定语。得 10 分。

如：～的分歧｜技术联合，是～的(事)。｜符合～的经济利益｜～的条件｜～的代理人。

(6) 可以后附方位词构成处所结构，做"在""到""从"等介词的宾语，这种介词结构又可以做状语或补语修饰动词性成分。得 10 分。

如：夹在～中间，廖女士觉得自己很是无辜。｜政府本应该在劳资～中间起到协调矛盾、平衡权利的作用。

(7) 不能做谓语和谓语核心(一般不能够带宾语，也不能受状语和补语的修饰，并且不能后附时体助词"着""了""过")。得 10 分。

(8) 不能做补语，并且一般不能做状语直接修饰动词性成分。得 10 分。

结论:名词,积分 90 分,隶属度 0.9,"双方"属于比较典型的名词。

3. 四邻

前后左右的邻居:街坊~|吵得~不安。[《现代汉语词典》(第 7 版),1241 页]

对于名词的分布特征的适应情况:

(1) 不能受数量词的修饰。得 0 分。

(2) 不能受副词的修饰。得 20 分。

(3) 可以做典型的主语或宾语。得 20 分。

如:冯春娘鬼哭狼嚎般的哭叫,~惊动。|弄得一条里弄,~不安。|问问~,也不清楚零号何在。|喝醉了就骂老婆、打孩子,吵大街、闹~。|他环顾~,寻求盟友。

(4) 可以做中心语受其他名词修饰,或者做定语直接修饰其他名词。得 10 分。

如:~亲友送来一些好吃的东西。|~村庄办酒席的掌勺名手全找来了。|街坊~。

(5) 可以后附助词"的"构成"的"字结构做主语、宾语和定语。得 10 分。

如:这街坊~的,还有谁比我更难?|~的屋子一个比一个漂亮。|~的公鸡,像竞赛似的欢叫着,窗纸由灰白逐渐地明亮了。

(6) 可以后附方位词构成处所结构,做"在""到""从"等介词的宾语,这种介词结构又可以做状语或补语修饰动词性成分。得 10 分。

如:先砍倒近邻哈达,继哈达之后又砍倒~中最弱的辉发。|在街坊~中享有一定的声誉。

(7) 不能做谓语和谓语核心(一般不能够带宾语,也不能受状语和补语的修饰,并且不能后附时体助词"着""了""过")。得10分。

(8) 不能做补语,并且一般不能做状语直接修饰动词性成分。得10分。

结论:名词,积分90分,隶属度0.9,"四邻"属于比较典型的名词。

4. 四季

春、夏、秋、冬,叫作四季,每季三个月。[《现代汉语词典》(第7版),1240页]

对于名词的分布特征的适应情况:

(1) 不能受数量词的修饰。得0分。

(2) 不能受副词的修饰。得20分。

(3) 可以做典型的主语或宾语。得20分。

如:农作物随时可以播种,～都有收获。|那里森林茂密,～花开果熟,是一片常绿的热带植物"王国"。|在海洋上～皆可出现。|从天文含义看～,夏季就是一年内白昼最长、太阳最高的季节。|我国气象学家提出以"候温"来划分～。

(4) 可以做中心语受其他名词修饰,或者做定语直接修饰其他名词。得10分。

如:一年～|～变化|大自然的～交响乐|～服装|～衣裳|～降水率。

(5) 可以后附助词"的"构成"的"字结构,然后做主语、宾语和定语。得10分。

如:随处植以～的花木。|他们还认为,～的顺序与五行相生的顺序是一致的。|有些地方,一年中也许只有两季、三季。只有在温带地区,～的界限才表示得相当明显。

(6) 可以后附方位词构成处所结构,做"在""到""从"等介词的宾语,这种介词结构又可以做状语或补语修饰动词性成分。得 10 分。

如:儿童的生长速度在～中不同,春季长得最快。|在繁忙的～里,谁会为一根针、一块肥皂,跑很远的路去买呢?|～中的两季,在时序上"春—冬"有更鲜明的对待关系。|徜徉在美丽的～中。

(7) 不能做谓语和谓语核心(一般不能带宾语,也不能受状语和补语的修饰,并且不能后附时体助词"着""了""过")。得 10 分。

(8) 不能做补语,并且一般不能做状语直接修饰动词性成分。得 10 分。

结论:名词,积分 90 分,隶属度 0.9,"四季"属于比较典型的名词。

5. 五官

指耳、目、口、鼻、舌,通常指脸上的器官:～端正。[《现代汉语词典》(第 7 版),1388 页]

对于名词的分布特征的适应情况:

(1) 不能受数量词的修饰。得 0 分。

(2) 不能受副词的修饰。得 20 分。

(3) 可以做典型的主语或宾语。得 20 分。

如:～端正|～秀丽|～堂堂正正的。|画面部的～和胡子|大夫看的是～。

(4) 可以做中心语受其他名词修饰,或者做定语直接修饰其他名词。得 10 分。

如:脸上的～布局|面部～|～感觉|～特征。

(5) 可以后附助词"的"构成"的"字结构做主语、宾语和定语。得 10 分。

如:脸型和～的轮廓更为鲜明。|～的线条本来就复杂。|有自己的漫画像,有突出鼻子、眼睛等～的大特写。|方山,像一个被挖了～的人凄凄惨惨地立在旷野。

(6) 可以后附方位词构成处所结构,做"在""到""从"等介词的宾语,这种介词结构又可以做状语或补语修饰动词性成分。得 10 分。

如:在她的～中,最漂亮的当属眼睛。|从～和神情上看,他有点近似少数民族形象。

(7) 不能做谓语和谓语核心(一般不能带宾语,也不能受状语和补语的修饰,并且不能后附时体助词"着""了""过")。得 10 分。

(8) 不能做补语,并且一般不能做状语直接修饰动词性成分。得 10 分。

结论:名词,积分 90 分,隶属度 0.9,"五官"属于比较典型的名词。

6. 九族

旧时指本身上及父、祖、曾祖、高祖,下及子、孙、曾孙、玄孙的亲属。也有包括异性亲属的说法,即父族四代、母族三代、妻族两代。[《现代汉语词典》(第 7 版),698 页]

对于名词的分布特征的适应情况:

(1) 不能受数量词的修饰。得 0 分。

(2) 不能受副词的修饰。得 20 分。

(3) 可以做典型的主语或宾语。得 20 分。

如:～株连|灭～之罪|我比他爸爸大两辈,怎么也没出～啊!

(4) 不能做中心语受其他名词修饰,或者做定语直接修饰其他名词。得 0 分。

(5) 可以后附助词"的"构成"的"字结构做主语、宾语和定语。得 10 分。

如：在此遭受诛灭～的酷刑｜难道他已忘了自己的身份，忘了这已是大逆不道，可以诛灭～的罪名？｜这可是要满门犯抄，诛灭～的大罪！

(6) 不能后附方位词构成处所结构，做"在""到""从"等介词的宾语，这种介词结构也不可以做状语或补语修饰动词性成分。得 0 分。

(7) 不能做谓语和谓语核心（一般不能带宾语，也不能受状语和补语的修饰，并且不能后附时体助词"着""了""过"）。得 10 分。

(8) 不能做补语，并且一般不能做状语直接修饰动词性成分。得 10 分。

结论：名词，积分 70 分，隶属度 0.7，"九族"属于不太典型的名词。

7. 两极

① 地球的南极和北极。

② 电极的阴极和阳极；磁极的南极和北极。

③ 指两个极端或两个对立面：～分化。[《现代汉语词典》（第 7 版），816 页]

对于名词的分布特征的适应情况：

(1) 不能受数量词的修饰。得 0 分。

(2) 不能受副词的修饰。得 20 分。

(3) 可以做典型的主语或宾语。得 20 分。

如：把它们的一端分别连接水果电池的～。｜所以帝国主义各国与我国站在利益绝对冲突的～。｜货币的出现，使整个商品界分为～。

(4) 可以做中心语受其他名词修饰,或者做定语直接修饰其他名词。得10分。

如:～关系|～政治|～冰层|～格局|南北～|～附近|～地区。

(5) 可以后附助词"的"构成"的"字结构,做主语、宾语和定语。得10分。

如:近～的地方,半年是白天,半年是黑夜。|亚太地区是一个～的世界。|但也有科学家推测水星～的沉积物可能由其他材料构成。

(6) 可以后附方位词构成处所结构,做"在""到""从"等介词的宾语,这种介词结构又可以做状语或补语修饰动词性成分。得10分。

如:电容器交替地被充电和放电,但在～之间的介质内始终没有传导电流通过。|如果把导体的两端分别连接电池的～,导体中就会有电流。|电源有正负两个极,～间有一定的电压。|连接在电池的～上,用来测量外电路上的电压。

(7) 不能做谓语和谓语核心(一般不能带宾语,也不能受状语和补语的修饰,并且不能后附时体助词"着""了""过")。得10分。

(8) 不能做补语,并且一般不能做状语直接修饰动词性成分。得10分。

结论:名词,积分90分,隶属度0.9,"两极"属于比较典型的名词。

8. 五谷

五种谷物,古书中有不同的说法,通常指稻、黍、稷、麦、豆,泛指粮食作物:～杂粮|～丰登。[《现代汉语词典》(第7版),

1388 页]

对于名词的分布特征的适应情况:

(1) 不能受数量词的修饰。得 0 分。

(2) 不能受副词的修饰。得 20 分。

(3) 可以做典型的主语或宾语。得 20。

如:过去有堆沙、浴佛、祭神等活动,以祈求风调雨顺,～丰收。|像我这样一个四体不勤,～不分,连一个实际工作经验都没有的小知识分子,能帮你什么呢?|如今中国正在饿着肚子,种～自然是要务了。|土族聚居区可耕可牧,出产～,有酿酒习惯。

(4) 可以做中心语受其他名词修饰,或者做定语直接修饰其他名词。得 10 分。

如:带着～种子、牛和马而来的三位美丽的绿衣公主分别嫁与三位神人。|～养颜粥|～蛋包饭|母亲的～袋。

(5) 可以后附助词"的"构成"的"字结构,然后做主语、宾语和定语。得 10 分。

如:看到它就仿佛闻到～的香味。|喜鹊着一件朴素的花衣裳,在枫树上边唱边跳。它们唱金色的田间,～的余香还在丝丝飘动……|而古人把豆类作为～的重要组成部分是符合现代营养学观点的。

(6) 可以后附方位词构成处所结构,做"在""到""从"等介词的宾语,这种介词结构又可以做状语或补语修饰动词性成分。得 10 分。

如:在～里面,小麦、稻米等因口感好而被称为细粮。|麦子最初在～中的排列并不靠前,但它的环境气候的适应性强……|可见圣人最看中～中的麦与禾。

(7) 不能做谓语和谓语核心(一般不能够带宾语,也不能受状语和补语的修饰,并且不能后附时体助词"着""了""过")。得10分。

(8) 不能做补语,并且一般不能做状语直接修饰动词性成分。得10分。

结论:名词,积分90分,隶属度0.9,"五谷"属于比较典型的名词。

9. 七窍

指两眼、两耳、两鼻孔和口:～流血。[《现代汉语词典》(第7版),1020页]

对于名词的分布特征的适应情况:

(1) 不能受数量词的修饰。得0分。

(2) 不能受副词的修饰。得20分。

(3) 可以做典型的主语或宾语。得20分。

如:清淡爽口,通～,刺激食欲。|～流血|～相通,耳朵出事就要株连嘴巴,由失聪演变为喑哑。|他觉得天也转地也动,眼发黑心发烧,～像是冒火生烟。

(4) 不能做中心语受其他名词修饰,或者做定语直接修饰其他名词。得0分。

(5) 不能后附助词"的"构成"的"字结构做主语、宾语和定语。得0分。

(6) 可以后附方位词构成处所结构,做"在""到""从"等介词的宾语,这种介词结构又可以做状语或补语修饰动词性成分。得10分。

如:古代人特别是在汉代,人死了之后,在～当中,鼻孔里边、嘴里边还有肛门里边,都放上玉雕的蝉。|努尔哈赤听了尼堪外兰的恫吓,……～里生烟。

(7) 不能做谓语和谓语核心(一般不能够带宾语,也不能受状语和补语的修饰,并且不能后附时体助词"着""了""过")。得10分。

(8) 不能做补语,并且一般不能做状语直接修饰动词性成分。得10分。

结论:名词,积分70分,隶属度0.7,"七窍"属于不太典型的名词。

10. 九泉

指人死后埋葬的地方,也借指阴间:～之下|含笑～。[《现代汉语词典》(第7版),698页]

对于名词的分布特征的适应情况:

(1) 不能受数量词的修饰。得0分。

(2) 不能受副词的修饰。得20分。

(3) 可以做典型的主语或宾语。得20分。

如:只可惜,一时不慎,命归～。|也有错误的地方,我不在乎,只有一件事情,就是我到了地下,到了～,子休——子休就是曹昂的字……|不过,父亲也算是含笑～。

(4) 不能做中心语受其他名词修饰,或者做定语直接修饰其他名词。得0分。

(5) 不能后附助词"的"构成"的"字结构做主语、宾语和定语。得0分。

(6) 可以后附方位词构成处所结构,做"在""到""从"等介词的宾语,这种介词结构又可以做状语或补语修饰动词性成分。得10分。

如:果真那样,父王能在～下心安么?|阅过厚厚的一摞党费收据单,我们记下了安息在～下的共产党员的名字。|母亲已安眠于～之下。

(7) 不能做谓语和谓语核心(一般不能带宾语,也不能受状语和补语的修饰,并且不能后附时体助词"着""了""过")。得10分。

(8) 不能做补语,并且一般不能做状语直接修饰动词性成分。得10分。

结论:名词,积分70分,隶属度0.7,"九泉"属于不太典型的名词。

三、[—精确量]斥量名词隶属度

首先来考察这类名词中甲类含量化词语素构词的斥量名词"半路""半价""全家""全国""民众""群岛""全文"等。

1. 半路

① 路程的一半或中间:走到~,天就黑了。

② 比喻事情正处在进行的过程中:他听故事入了神,不愿意~走开。[《现代汉语词典》(第7版),37页]

对于名词的分布特征的适应情况:

(1) 不能受数量词的修饰。得0分。

(2) 不能受副词的修饰。得20分。

(3) 可以做典型的宾语,一般不能做主语。得20分。

如:走到~|到了~|行至~|大军刚到~,突然下起大雪。

(4) 不能做中心语受其他名词修饰,但可以做定语直接修饰其他名词。得10分。

如:~夫妻|~姻缘|~出家者

(5) 可以后附助词"的"构成"的"字结构,做主语、宾语和定语。得10分。

如:只有~的无望者才靠谎言过日子。|回家走到~的人折了身。|慰安所在司令部去市内的~的丘岗上。

(6) 可以后附方位词构成处所结构,做"在""到""从"等介词的宾语,这种介词结构又可以做状语或补语修饰动词性成分。得 10 分。

如:在~上不期而遇。|派鼓手到~上迎接|从~上逃走|把他们消灭在~上|在~中车头失灵。

(7) 不能做谓语和谓语核心(一般不能够带宾语,也不能受状语和补语的修饰,并且不能后附时体助词"着""了""过")。得 10 分。

(8) 不能做补语,但一般能做状语直接修饰动词性成分。得 0 分。

如:~回家|~流产|~逃跑|~杀出个程咬金|~抛锚

结论:名词,积分 80 分,隶属度 0.8,属于比较典型的名词。

2. 半价

原价的一半:~出售。[《现代汉语词典》(第 7 版),37 页]

对于名词的分布特征的适应情况:

(1) 不能受数量词的修饰。得 0 分。

(2) 不能受副词的修饰。得 20 分。

(3) 可以做典型的主语,也可以做宾语。得 20 分。

如:~50 元。|可以给~吗?|~太便宜了。|有的还低于~。|票价是五元,老人则~。|但有时不得不减~。

(4) 不能做中心语受其他名词修饰,但可以做定语直接修饰其他名词。得 10 分。

如:~饰品|~食品|~货品区|~车票|~机票。

(5) 可以后附助词"的"构成"的"字结构,然后做主语、宾语和定语。得 10 分。

如:水果打折,这些都是~的。|~的质量没问题吧?|~的门票收入情况好于全价。

(6) 可以后附方位词构成处所结构,做"在""到""从"等介词的宾语,这种介词结构又可以做状语或补语修饰动词性成分。得 10 分。

如:"迫卖品"的降价幅度也越来越猛,一般都在～以下,有的甚至只卖二三折的价。|大部分可以降二至四成,甚至可以降到～。

(7) 不能做谓语和谓语核心(一般不能带宾语,也不能受状语和补语的修饰,并且不能后附时体助词"着""了""过")。得 10 分。

(8) 不能做补语,但一般能做状语直接修饰动词性成分。得 0 分。

如:～销售|～出售|～优待|～优惠。

结论:名词,积分 80 分,隶属度 0.8,属于比较典型的名词。

3. 全家

对于名词的分布特征的适应情况:

(1) 不能受数量词的修饰。得 0 分。

(2) 不能受副词的修饰。得 20 分。

(3) 可以做典型的主语和宾语。得 20 分。

如:～高兴极了。|家里只有妈和一个妹妹,～靠他一个人劳动。|～由开封迁徙至陕西。|车子带来了他们～。|哪怕你真的要报复我～|你们成了亲家,会不照顾你们～吗?

(4) 可以做中心语受其他名词修饰,可以做定语直接修饰其他名词。得 10 分。

如:老太爷～|他们～人畜,已经受到雷雨的多次考验。|只有一楼住着～祖孙三代。|～三口|不能这样折腾得东家～不安。|～大小|～老小。

(5) 可以后附助词"的"构成"的"字结构,做主语、宾语和定语。得 10 分。

如:她让我转达她对你和你～的问好,希望你们多多保重。|玉玉是～的希望。|这地是宝地啊,是您～的福气啊!

(6)可以后附方位词构成处所结构,做"在""到""从"等介词的宾语,这种介词结构又可以做状语或补语修饰动词性成分。得10分。

如:在～里,没有人敢顶撞老太爷。|所以,在～中,他只与老三说得来。|在～中,她可以算作最明白的人。

(7)不能做谓语和谓语核心(一般不能够带宾语,也不能受状语和补语的修饰,并且不能后附时体助词"着""了""过")。得10分。

(8)不能做补语,一般也不能做状语直接修饰动词性成分。得10分。

结论:名词,积分90分,隶属度0.9,属于比较典型的名词。

4. 全国

对于名词的分布特征的适应情况:

(1)不能受数量词的修饰。得0分。

(2)不能受副词的修饰。得20分。

(3)可以做典型的主语和宾语。得20分。

如:～首次评估血防科技新成果。|唐代的交通运输业相当发达,驿道纵横交错,贯通～。|～有若干师范大学区。|它是牵动～、影响人类的。|遍及～|畅销～。

(4)一般不能做中心语受其他名词修饰,但可以做定语直接修饰其他名词。得10分。

如:～人民|～地价|～房价|～人口|～图书市场|～教育工作者|～产量|～面积。

(5)可以后附助词"的"构成"的"字结构,做主语、宾语和定语。得10分。

如:均为~的最高法律|证券发行是面向~的投资者|它内置~的地图数据,无须后台支持。

(6) 不能后附方位词构成处所结构,做"在""到""从"等介词的宾语,这种介词结构又可以做状语或补语修饰动词性成分。得 0 分。

(7) 不能做谓语和谓语核心(一般不能带宾语,也不能受状语和补语的修饰,并且不能后附时体助词"着""了""过")。得 10 分。

(8) 不能做补语,一般也不能做状语直接修饰动词性成分。得 10 分。

结论:名词,积分 80 分,隶属度 0.8,属于比较典型的名词。

5. 民众

人民大众:唤起~。[《现代汉语词典》(第 7 版),909 页]

对于名词的分布特征的适应情况:

(1) 不能受数量词的修饰。得 0 分。

(2) 不能受副词的修饰。得 20 分。

(3) 可以做典型的主语和宾语。得 20 分。

如:卖假药、假酒坑害~。|~写信,记账,出广告……日常生活,到现在还不能不使用它。|文字必须在一定条件下加以改革,言语必须接近~。|~确实生活在过去不敢梦想的幸福之中。|广泛发动~。

(4) 可以做中心语受其他名词修饰,也可以做定语直接修饰其他名词。得 10 分。

如:抗日~|~游击战|全国~|~组织|下层~|当地~|~活动中心。

(5) 可以后附助词"的"构成"的"字结构,做主语、宾语和定语。得 10 分。

如:增加~的历史意识|国家政策并不反映~的要求。|借助宗教教义来激发~的宗教情绪|方案的选择应充分听取~的意见和建议。

(6) 可以后附方位词构成处所结构,做"在""到""从"等介词的宾语,这种介词结构又可以做状语或补语修饰动词性成分。得10分。

如:这篇文章在~中激起很大的反响。|到~中广泛发动|曾制造了许多冤假错案,在政界与~中积怨甚多。|不论它是国家代表所宣扬的,还是从~中产生出来的。

(7) 不能做谓语和谓语核心(一般不能够带宾语,也不能受状语和补语的修饰,并且不能后附时体助词"着""了""过")。得10分。

(8) 不能做补语,一般也不能做状语直接修饰动词性成分。得10分。

结论:名词,积分90分,隶属度0.9,属于比较典型的名词。

6. 群岛

海洋中彼此相距很近的一群岛屿,如我国的舟山群岛、西沙群岛、南沙群岛等。[《现代汉语词典》(第7版)1088页]

对于名词的分布特征的适应情况:

(1) 不能受数量词的修饰。得0分。

(2) 不能受副词的修饰。得20分。

(3) 可以做典型的主语和宾语。得20分。

如:~位于亚欧板块和印度洋板块交界处。|西印度~位于低纬,属热带气候。|东南部有著名的西印度~。

(4) 可以做中心语受其他名词修饰,也可以做定语直接修饰其他名词。得10分。

如:南洋~|不列颠~|舟山~|日本是亚洲东部、太平洋西

侧的一个～国家。|～水域是～基线所包围的水域。

(5) 可以后附助词"的"构成"的"字结构,做主语、宾语和定语。得 10 分。

如:夏威夷岛是～的第一大岛。|夏威夷～的地理位置十分重要。|中国对南沙～的主权无可争辩。

(6) 可以后附方位词构成处所结构,做"在""到""从"等介词的宾语,这种介词结构又可以做状语或补语修饰动词性成分。得 10 分。

如:～中的每座岛屿都有自己风格独特的歌曲、舞蹈和音乐。|船队在巴哈马～中航行。|～上有二十多个国家和地区。|阿拉斯加海流在阿留申～之间进入白令海。|马来～上山岭很多。

(7) 不能做谓语和谓语核心(一般不能带宾语,也不能受状语和补语的修饰,并且不能后附时体助词"着""了""过")。得 10 分。

(8) 不能做补语,一般也不能做状语直接修饰动词性成分。得 10 分。

结论:名词,积分 90 分,隶属度 0.9,属于比较典型的名词。

7. 全文

文章、文件的全部文字:～转载。[《现代汉语词典》(第 7 版),1084 页]

对于名词的分布特征的适应情况:

(1) 不能受数量词的修饰。得 0 分。

(2) 不能受副词的修饰。得 20 分。

(3) 可以做典型的主语或宾语。得 20 分。

如:～如下|～包括四个部分。|细读全文|读过～|写着《史记·屈原列传》的～。

（4）可以做中心语受其他名词修饰，或者做定语直接修饰其他名词。得 10 分。

如：报告～|演讲～|电报～|内容提要～共分三个部分。|说明全书或～中心思想的概括性论述，也叫引论。

（5）可以后附助词"的"构成"的"字结构，做主语、宾语和定语。得 10 分。

如：庄重的文章钻进轻佻或者诙谐的字眼就会破坏～的格调。|使读者一下子就抓住～的中心思想|例如《古城》这篇寓言，采取了三个人的对话，连～的叙述也是第一人称的。

（6）可以后附方位词构成处所结构，做"在""到""从"等介词的宾语，这种介词结构又可以做状语或补语修饰动词性成分。得 10 分。

如：在～中检索|～中没有一处错误。|这个词在～中一共出现 70 多次。|玛莉，在～中是以"情欲女神"的存在，横跨了整个故事。

（7）不能做谓语和谓语核心（一般不能够带宾语，也不能受状语和补语的修饰，并且不能后附时体助词"着""了""过"）。得 10 分。

（8）不能做补语，但一般能做状语直接修饰动词性成分。得 0 分。

如：～播发|～转发|它曾～登载皇帝的谕令。|……应于通过后七日内在《四川日报》上～刊登。

结论：名词，积分 80 分，隶属度 0.8，属于比较典型的名词。

其次来考察这类名词中乙类由对立语素构词的斥量名词，如"粗细""功过""输赢"等。

8. 粗细

① 粗和细的程度:碗口～的钢管|这样～的沙子最合适。

② 粗糙和细致的程度:桌面平不平,就看活儿的～。[《现代汉语词典》(第 7 版),221 页]

对于名词的分布特征的适应情况:

(1) 不能受数量词的修饰。得 0 分。

(2) 不能受副词的修饰。得 20 分。

(3) 可以做典型的主语和宾语。得 20 分。

如:他用一种很精确的卡尺,逐一测量着这些玉米秸子的长短和～。|而形体的～、个头的高矮又与动物摄取食物、消耗能量呈正相关性。|随着距河床远近不同、颗粒经分选作用,～分明,形成不同层次和带状的冲积物。

(4) 可以做中心语受其他名词修饰,可以做定语直接修饰其他名词。得 10 分。

如:碗口～|臀部大小与腰围～比例恰当|纱线～程度的计算单位。

(5) 可以后附助词"的"构成"的"字结构,做主语、宾语和定语。得 10 分。

如:筷子～的水蛇|说是水源,实际上只有指头～的水流。|紧接着酒歌的末梢,～的嗓子同时有力地喊出"五敬魁首腚后头!……"

(6) 不能后附方位词构成处所结构,做"在""到""从"等介词的宾语,这种介词结构又可以做状语或补语修饰动词性成分。得 0 分。

(7) 不能做谓语和谓语核心(一般不能够带宾语,也不能受状语和补语的修饰,并且不能后附时体助词"着""了""过")。得 10 分。

(8) 不能做补语,一般也不能做状语直接修饰动词性成分。得 10 分。

结论:名词,积分 80 分,隶属度 0.8,属于比较典型的名词。

9. 功过

功劳和过失:～自有公论。[《现代汉语词典》(第 7 版),454 页]

对于名词的分布特征的适应情况:

(1) 不能受数量词的修饰。得 0 分。

(2) 不能受副词的修饰。得 20 分。

(3) 可以做典型的主语和宾语。得 20 分。

如:正确地评价毛泽东同志的历史～。|用实践来检验真理与谬误,同时也能最客观最公正地评判～是非。|～由后人来评判吧。

(4) 可以做中心语受其他名词修饰,但不能做定语直接修饰其他名词。得 10 分。

如:历史～|一生～|千秋～|历史人物的～是非。

(5) 可以后附助词"的"构成"的"字结构,做主语、宾语和定语。得 10 分。

如:对历史～的态度|对左宗棠在中国近代史上的是非～的评价|衡量足球改革～的有形标尺。

(6) 可以后附方位词构成处所结构,做"在""到""从"等介词的宾语,这种介词结构又可以做状语或补语修饰动词性成分。得 10 分。

如:让人们从文化源流和历史～中去思考历史规律和人类命运。|在～之间谨慎评判。

(7) 不能做谓语和谓语核心(一般不能够带宾语,也不能受状语和补语的修饰,并且不能后附时体助词"着""了""过")。得

10 分。

(8) 不能做补语,一般也不能做状语直接修饰动词性成分。得 10 分。

结论:名词,积分 90 分,隶属度 0.9,属于比较典型的名词。

10. 输赢

① 胜利和失败:这两个球队今天非见个~不可。

② 指赌博时输赢的钱数:这伙赌徒,一夜就有几万元的~。

[《现代汉语词典》(第 7 版),1213 页]

对于名词的分布特征的适应情况:

(1) 不能受数量词的修饰。得 0 分。

(2) 不能受副词的修饰。得 20 分。

(3) 可以做典型的主语和宾语。得 20 分。

如:争取战略上的主动,而不以枝枝节节的一时一役的成败定~。|至于棋盘上的~,他从不计较。|他就让阿猫从书包里掏出象棋,摆开棋局,再来辨个分明,论清~。

(4) 可以做中心语受其他名词修饰,也可以做定语直接修饰其他名词。得 10 分。

如:个人的得分数据永远不会比球队~重要。|直到今天,许多地方决定诉讼成败官司~的,依然还不是案内的是非。|他还研究了掷骰子赌博的~规律。

(5) 可以后附助词"的"构成"的"字结构,做主语、宾语和定语。得 10 分。

如:每次~的钱数也从一元、增至二元、三元……|~的次数已经数也数不清。|赌徒~的概率。

(6) 可以后附方位词构成处所结构,做"在""到""从"等介词的宾语,这种介词结构又可以做状语或补语修饰动词性成分。得 10 分。

如:他们赢过,也输过,在~之中衡量出了市场中股票价位的真实程度。|赌博的刺激尽在~之间。|切莫在~上计较。|运动员穿上俱乐部队服,就代表了企业形象,这不仅体现在~上,更重要的是体现在精神风貌上。

(7) 不能做谓语和谓语核心(一般不能够带宾语,也不能受状语和补语的修饰,并且不能后附时体助词"着""了""过")。得10分。

(8) 不能做补语,一般也不能做状语直接修饰动词性成分。得10分。

结论:名词,积分90分,隶属度0.9,属于比较典型的名词。

四、[±精确量]斥量名词隶属度

我们以"差额""高温""身高""宽度""体重""沸点""片长"等词为例,考察这类蕴含[±精确量]的斥量名词的隶属度问题。

1. 差额

跟作为标准或用来比较的数额相差的数:补足~|贸易~。[《现代汉语词典》(第7版),133页]

下面"差额"一词的名词适应情况选自袁毓林等(2009:201)。

对于名词的分布特征的适应情况:

(1) 可以受数量词的修饰。得10分。

如:一部分~|一些~。

(2) 不能受副词的修饰。得20分。

(3) 可以做典型的主语和宾语。得20分。

如:~要补足。|煤的生产价格和销售价格之间的~越来越大。|用零钱补足了~。

(4) 可以做中心语受其他名词修饰,也可以做定语修饰其他名词。得 10 分。

如:利息~|美中两国的贸易~被夸大了 50%。|~部分|~数量。

(5) 可以后附助词"的"构成"的"字结构,做主语、宾语和定语。得 10 分。

如:~的部分|~的数量不大|这是一次~的选举。

(6) 可以后附方位词构成处所结构,做"在""到""从"等介词的宾语,这种介词结构又可以做状语或补语修饰动词性成分。得 10 分。

如:从~上发现了问题。

(7) 不能做谓语和谓语核心(一般不能够带宾语,也不能受状语和补语的修饰,并且不能后附时体助词"着""了""过")。得 10 分。

(8) 不能做补语,一般也不能做状语直接修饰动词性成分。得 10 分。

结论:名词,积分 100 分,隶属度 1.0,属于典型的名词。

从上文可以看出,袁毓林等(2009:201)在分析"差额"一词的名词隶属度时,认为"差额"属于典型的名词,不属于斥量名词。

为此,我们检索了 CCL 语料库和国家语委语料库。在 CCL 语料库中,用"一部分差额""一些差额"未检索到相关例句。在国家语委语料库中用"一种差额""一部分差额""一些差额"也均未找到相关例句。两个语料库均未检索出"一部分差额""一些差额"等,所以我们认为"差额"对于名词的分布特征的适应情况第(1)条"可以受数量词的修饰。得 10 分"是不合理的,"差额"一词属于斥量名词,且属于蕴含[±精确量]的斥量名词。

但在 CCL 语料库中，检索到 4 条"一个差额"、1 条"一种差额"，在国家语委语料库中仅找到 1 条"一个差额"，共 6 个例句。如下：

(1) 利润意味着资本家获得的比付出多，意味着一个差额，这个差额无需付出代价。(《资本论》)

(2) 事实上现银与股票之间，仍有很大的一个差额，饱入私囊。(高阳《红顶商人胡雪岩》)

(3) 变革的目的在于使单位产品的费用减少，从而在现有的价格与新的成本之间创造出一个差额。(《经济发展理论》)

(4) 随着后一个差额的增长，前一个差额也增长……(《资本论》)

(5) 但是，对资本家本身来说，只有前一种差额才决定商品的生产费用，并通过竞争的强制规律对他发生影响。(《资本论》)

(6) 全社会农产品的市场价值总量必然在它的实际价值总量之上而有一个差额，即马克思说的"虚假的社会价值"。(汪旭庄《社会主义制度下的级差土地收入》，国家语委语料库)

由此可知，袁毓林等(2009:201)在分析"差额"一词的名词隶属度时失之偏颇，应该将结论修正为：名词，积分 90 分，隶属度 0.9，属于比较典型的名词。

上述讨论看似涉及了[±精确量]斥量名词"差额"一词是否归属于斥量名词的问题，但其实恰恰体现了斥量名词对数量短语的排斥现象，同时也反映出了汉语词类划分之难。但如果从认知的角度看，就很容易解释这一现象，词类是从原型范畴的成员即从典型成员逐步向非典型成员过渡的，没有一条截然分明的分类标准可以将名词划分成"普通名词"和"斥量名词"两个完全对立、"井水不犯河水"的次类。

这里也涉及量词"个""种"的问题。刘学敏、邓崇谟(1989：40)"差额"词条下列出其能搭配的专用量词为"个""种"，这较符合对语料库检索的结果。《现代汉语八百词》(增订本)(1999：709)明确指出只能带"个"和"种"的名词一般不收，因为这类名词比较特殊。

2. 高温

"高温"一词对于名词的分布特征适应情况在这里不做赘述。可参见袁毓林等(2009:358)结论：名词，积分80分，隶属度0.8，属于比较典型的名词。

3. 身高

人体的高度。[《现代汉语词典》(第7版)，1158页]

对于名词的分布特征的适应情况：

(1) 不能受数量词的修饰，但可以受"数＋度量衡量词"间接修饰。得0分。

如：当初总以为凭借吴强自己一米八几的～和一张生动、棱角分明的脸……|他不仅有着1.84米的～和95公斤体重的大汉形象，也有着豪放、耿直的阳刚性格。

(2) 不能受副词的修饰。得20分。

(3) 可以做典型的主语或宾语。得20分。

如：～1.70米，体型较胖，右眉上方有一伤疤。|婴幼儿出生时，～约为50厘米。|女人不一定拥有完美的～和体形。|儿童缺锌，就会影响～。

(4) 可以做中心语受其他名词修饰，或者做定语直接修饰其他名词。得10分。

如：女生～|男生～|儿童～|成人～|青春期～。

(5) 可以后附助词"的"构成"的"字结构，做主语、宾语或定语。得10分。

如:~的生长高峰期比体重的生长高峰期要早1年。|通常人的肩宽约为~的四分之一。|而解放军队虽然在内线占据了~的优势,却打得并不理想。

(6) 可以后附方位词构成处所结构,做"在""到""从"等介词的宾语,这种介词结构又可以做状语或补语修饰动词性成分。得10分。

如:尽管中国队员在~上占有优势|日本女排在~上"先天不足"|所以与欧美球队对阵,首先在~上就吃了大亏。

(7) 不能做谓语和谓语核心(一般不能够带宾语,也不能受状语和补语的修饰,并且不能后附时体助词"着""了""过")。得10分。

(8) 不能做补语,并且一般不能做状语直接修饰动词性成分,只有少数名词可以通过省略"用""通过"等介词直接做状语修饰动词性成分。得10分。

结论:名词,积分90分,隶属度0.9,属于比较典型的名词。

4. 宽度

宽窄的程度;横的距离(长方形多指两条长边之间的距离)。[《现代汉语词典》(第7版),758页]

对于名词的分布特征的适应情况:

(1) 不能受数量词的修饰,但可以受"数+度量衡量词"间接修饰。得0分。

如:你听说过只有1公里~的海啸?|抛栽当天,放干田水,按3米~开沟做畦整平即可抛栽。

(2) 不能受副词的修饰。得20分。

(3) 可以做典型的主语或宾语。得20分。

如:~从30多米到80米不等。|大平台有着当今世界上最宽的台阶,~达90米多。|其轨道~只有74厘米。

(4) 可以做中心语受其他名词修饰,或者做定语直接修饰其他名词。得 10 分。

如:路面~|临海~|路基~|铁轨~|钢板~。

(5) 可以后附助词"的"构成"的"字结构,做主语、宾语或定语。得 10 分。

如:领海亦称领水,是指沿海国家从海岸向外延伸的一定~的海域。|叶子的长度为~的三四倍。|鼻子的宽度为面部~的十分之一。

(6) 可以后附方位词构成处所结构,做"在""到""从"等介词的宾语,这种介词结构又可以做状语或补语修饰动词性成分。得 10 分。

如:莱因哈特的资质在深度、高度、~上都远远凌驾于常人之上。|单读写方式下,在 32 位总线~下,读操作用三个时钟周期,总线数据带宽为 44 Mb/s。

(7) 不能做谓语和谓语核心(一般不能够带宾语,也不能受状语和补语的修饰,并且不能后附时体助词"着""了""过")。得 10 分。

(8) 不能做补语,并且一般不能做状语直接修饰动词性成分,只有少数名词可以通过省略"用""通过"等介词直接做状语修饰动词性成分。得 10 分。

结论:名词,积分 90 分,隶属度 0.9,属于比较典型的名词。

5. 体重

身体的重量。[《现代汉语词典》(第 7 版),1289 页]

对于名词的分布特征的适应情况:

(1) 不能受数量词的修饰,但可以受"数+度量衡量词"间接修饰。得 0 分。

如:一直到亚运会前,她硬是减去了两公斤~。|我靠药物

在五个星期内增加了 28 公斤～。

(2) 不能受副词的修饰。得 20 分。

(3) 可以做典型的主语或宾语。得 20 分。

如：这种猪生长快，只需 180 天，～可长到 100 公斤。|他身高 2 米，～220 磅。|妊娠反应过去了，徽因的饮食正常了，～也增加了。|日常饮食中不吃或少吃肉食和含脂肪高的食物，就能够有效地控制～。

(4) 可以做中心语受其他名词修饰，或者做定语直接修饰其他名词。得 10 分。

如：儿童～|病人～|胎儿～|孕妇～|婴幼儿～

(5) 可以后附助词"的"构成"的"字结构，做主语、宾语或定语。得 10 分。

如：～的遗传度(力)男性为 50％，女性为 42％。|这种超过标准～的比例是否也适用于其他国家的人，现在还未定论。|可增加～的食物，肉类、乳制品、菜豆和小麦。

(6) 可以后附方位词构成处所结构做"在""到""从"等介词的宾语，这种介词结构又可以做状语或补语修饰动词性成分。得 10 分。

如：我们可以这样想，胖子之所以成为胖子，他在～上一定有过人之处。|稍后出现的巴哈德鲁的体格不论在身高或～上都远超过达龙，简直就是个可怕的巨人。

(7) 不能做谓语和谓语核心（一般不能够带宾语，也不能受状语和补语的修饰，并且不能后附时体助词"着""了""过"）。得 10 分。

(8) 不能做补语，并且一般不能做状语直接修饰动词性成分，只有少数名词可以通过省略"用""通过"等介词直接做状语修饰动词性成分。得 10 分。

结论:名词,积分 90 分,隶属度 0.9,属于比较典型的名词。

6. 沸点

液体沸腾时的温度。沸点随外界压力变化而改变,压力低,沸点也低。[《现代汉语词典》(第 7 版),380 页]

对于名词的分布特征的适应情况:

(1) 不能受数量词的修饰,但可以受"数+度量衡量词"间接修饰。得 0 分。

如:100℃ 的～|高达 330℃ 的～

(2) 不能受副词的修饰。得 20 分。

(3) 可以做典型的主语或宾语。得 20 分。

如:水沸腾时的温度,叫作水的～。|规定在一个大气压下水的冰点为 32 度,～为 212 度,中间分为 180 等分,每等分代表 1 度。

(4) 可以做中心语受其他名词修饰,或者做定语直接修饰其他名词。得 10 分。

如:食油～为 210℃|高压锅的秘密——提高水～。|碳氢化合物的混合液体,是分馏石油时,在 40—200℃ 之间～范围所取得的馏分。

(5) 可以后附助词"的"构成"的"字结构,做主语、宾语或定语。得 10 分。

如:这是一种"嗜好"酸和热的单细胞细菌,通常生存于温度接近～的酸性环境。|从相距几步远的海里捕着鱼,拿到这种近乎～的温泉里,煮几分钟就变成美餐了。

(6) 可以后附方位词构成处所结构,做"在""到""从"等介词的宾语,这种介词结构又可以做状语或补语修饰动词性成分。得 10 分。

如:当氨基酸混合物加热到水的～以上时,可以聚合成为多

肽等具有蛋白质特性的一类蛋白。|这个温度与～之间保持着一个适当的安全距离。

(7) 不能做谓语和谓语核心(一般不能够带宾语,也不能受状语和补语的修饰,并且不能后附时体助词"着""了""过")。得10分。

(8) 不能做补语,并且一般不能做状语直接修饰动词性成分,只有少数名词可以通过省略"用""通过"等介词直接做状语修饰动词性成分。得10分。

结论:名词,积分90分,隶属度0.9,属于比较典型的名词。

7. 片长

对于名词的分布特征的适应情况:

(1) 不能受数量词的修饰,但可以受"数+度量衡量词"间接修饰。得0分。

如:90分钟的～。

(2) 不能受副词的修饰。得20分。

(3) 可以做典型的主语或宾语。得20分。

如:1997年,由美国20世纪福克斯电影公司出品～50分钟的《李小龙:不朽的龙》录像带。|据透露,修改后～减少20分钟,场次减少9场,镜头删去150个……

(4) 可以做中心语受其他名词修饰,或者做定语直接修饰其他名词。得10分。

如:电影～|每集～30分钟|全片～165分钟。

(5) 不能后附助词"的"构成"的"字结构,做主语、宾语或定语。得0分。

(6) 可以后附方位词构成处所结构,做"在""到""从"等介词的宾语,这种介词结构又可以做状语或补语修饰动词性成分。得10分。

如:在九十分钟的~里,回环立体声的高保真音响正在为录制得很精心的声带传送着影片……|从~上就可以看出这是一部恢宏的影片。

(7) 不能做谓语和谓语核心(一般不能够带宾语,也不能受状语和补语的修饰,并且不能后附时体助词"着""了""过")。得10分。

(8) 不能做补语,并且一般不能做状语直接修饰动词性成分(只有少数名词可以通过省略"用""通过"等介词直接做状语修饰动词性成分)。得10分。

结论:名词,积分80分,隶属度0.8,属于比较典型的名词。

五、特定义斥量名词隶属度

我们以"风尘""肝胆""江湖""心胸""脑海""眼帘""文坛"等蕴含转喻义的词语和"败绩""心术""物欲""女色"等蕴含色彩义的词语为例考察这类斥量名词的隶属度问题。

1. 风尘

① 借指旅途的劳累:~仆仆|满面~(旅途劳累的神色)。

② 借指纷乱的社会或漂泊的江湖的境况:~侠士。

③ 指以出卖色相为生的处境:沦落~|~女子。[《现代汉语词典》(第7版),388页]

对于名词的分布特征的适应情况:

(1) 不能受数量词的修饰。得0分。

(2) 不能受副词的修饰。得20分。

(3) 可以做典型的主语或宾语。得20分。

如:打开历史的篇章,拂去岁月的~。|天天与~接触的外衣,污染的程度更明显。被严重污染的外衣,其重量可增加

15％。|……我想找到能一洗风尘的温泉。温泉找到了,～却没洗……

(4) 可以做中心语受其他名词修饰,或者做定语直接修饰其他名词。得 10 分。

如:阎婆惜原是"～娼妓",因阎婆感激宋江而把女儿送给了他。|台湾师大有位助教曾奉命去找一个模特儿,结果找了一个～女郎……

(5) 不能后附助词"的"构成"的"字结构做主语、宾语或定语。得 0 分。

(6) 可以后附方位词构成处所结构,做"在""到""从"等介词的宾语,这种介词结构又可以做状语或补语修饰动词性成分。得 10 分。

如:关于女职员的服装,如果公司没有指定,也不可穿得太过时髦,或标新立异;这样会被人误会是在～中生活的人,缺乏端庄的气质。|李芙蓉下了长途汽车,一抬头就看见了兀立在～中的那两幢楼。

(7) 不能做谓语和谓语核心(一般不能够带宾语,也不能受状语和补语的修饰,并且不能后附时体助词"着""了""过")。得 10 分。

(8) 不能做补语,并且一般不能做状语直接修饰动词性成分,只有少数名词可以通过省略"用""通过"等介词直接做状语修饰动词性成分。得 10 分。

结论:名词,积分 80 分,隶属度 0.8,属于比较典型的名词。

2. 肝胆

① 指真诚的心:～相照。

② 指勇气、血性:～过人。[《现代汉语词典》(第 7 版),422 页]

对于名词的分布特征的适应情况:

(1) 不能受数量词的修饰。得 0 分。

(2) 不能受副词的修饰。得 20 分。

(3) 可以做典型的主语或宾语。得 20 分。

如:若湿热蕴结～,使～疏泄功能失常……甚至黄疸。|1904 年春,黄兴与湖南著名的哥老会首领马福益会晤,互倾～,共商起义大计……|～不和了,然后气郁在里边了,那么小柴胡汤呢,正是和解～的,疏解郁气的。

(4) 可以做中心语受其他名词修饰,或者做定语直接修饰其他名词。得 10 分。

如:另一类是能为肝脏的多角细胞所摄取的～显像剂……|我国著名～外科专家、第二军医大学副校长吴孟超,作为这次陈嘉庚奖医药科学奖的唯一获得者……|……在国内首先发表后,受到～同行的高度重视。

(5) 可以后附助词"的"构成"的"字结构,做主语、宾语或定语。得 10 分。

如:为什么有的人会满头满脸都出油?这种肤质的人～的负担较正常肤质的人要重一些,所以在肝脏里就会存有很多消化不掉的油脂。|～都是主管人的情绪和心情的器官,心情舒畅,～的功能就能很好地发挥。|生命只要未僵,总会有新的嫩芽从心中萌动,总会有新的嫩叶从～的枝头上崛起。

(6) 不能后附方位词构成处所结构,做"在""到""从"等介词的宾语,这种介词结构又可以做状语或补语修饰动词性成分。得 0 分。

(7) 不能做谓语和谓语核心(一般不能够带宾语,也不能受状语和补语的修饰,并且不能后附时体助词如"着""了""过"等)。得 10 分。

(8) 不能做补语,并且一般不能做状语直接修饰动词性成分(只有少数名词可以通过省略"用、通过"等介词直接做状语修饰动词性成分)。得 10 分。

结论:名词,积分 80 分,隶属度 0.8,属于比较典型的名词。

3. 江湖

① 旧时泛指四方各地:闯～|流落～。

② 旧时指各处流浪,靠卖艺、卖药等生活的人,也指这种人所从事的行业。[《现代汉语词典》(第 7 版),644 页]

对于名词的分布特征的适应情况:

(1) 不能受数量词的修饰。得 0 分。

(2) 一般不能受副词的修饰。得 20 分。

(在语料库中发现了一例"听你谈笑风生,读你很～的对话,女孩,我们如何不驰马佩剑,闯入失落千年的唐朝",但孤证不能说明其可以受副词修饰。)

(3) 可以做典型的主语或宾语。得 20 分。

如:～和游侠在中国实际上就是脱离体制边缘的一种自由状态。|我姓刘的跑过～,走过绿林,哪有见死不救之理。|奔走～吗?|那么现在为什么又重出～,又在做《李教大哥大》的节目呢?|人在～,身不由己。

(4) 可以做中心语受其他名词修饰,或者做定语直接修饰其他名词。得 10 分。

如:它的成员中有大量的贫苦农民,但～游民常常在其中起主要作用。|十分符合～老手的身份|～骗术都是愚弄老百姓的|这听起来有点玄,带点～术士的味道。|～艺人|～义气|～郎中。

(5) 可以后附助词"的"构成"的"字结构,做主语、宾语或定语。得 10 分。

如:留下活着的人,留下～的恩仇爱恨,想了也理不清! | 太平王世子和～的人有联络。 | 主人公在客栈里经历了～的各种事。

(6) 可以后附方位词构成处所结构,做"在、到、从"等介词的宾语,这种介词结构又可以做状语或补语修饰动词性成分。得10分。

如:这些给他带来侠义的好名声,在～上受到尊重。 | 古龙在～交朋结友,出手极为大方。 | 二十多年前,他就已洗手退隐,绝少在～中走动。 | 后来甚至有人说他是故意在～中兴风作浪。 | 秦一飞毕竟是从～上闯出来的,又多了个心眼。

(7) 不能做谓语和谓语核心(一般不能带宾语,也不能受状语和补语的修饰,并且不能后附时体助词"着""了""过")。得10分。

(8) 不能做补语,并且一般不能做状语直接修饰动词性成分,只有少数名词可以通过省略"用""通过"等介词直接做状语修饰动词性成分。得10分。

结论:名词,积分90分,隶属度0.9,属于比较典型的名词。

4. 心胸

① 内心深处;胸中:～迸发出不可遏抑的怒火。

② 胸怀;气量:～开阔 | ～狭窄。

③ 志气;抱负:他有～,有气魄。[《现代汉语词典》(第7版),1456页]

对于名词的分布特征的适应情况:

(1) 不能受数量词的修饰。得0分。

(2) 不能受副词的修饰。得20分。

(3) 可以做典型的主语或宾语。得20分。

如:～要宽广,对待别人要宽容。 | ～大度。

(4) 可以做中心语受其他名词修饰,或者做定语直接修饰其他名词。得 10 分。

如:阵发性～刺痛|有了"闲"才能有审美的～,才能发现美、欣赏美、创造美。

(5) 可以后附助词"的"构成"的"字结构,做主语、宾语或定语。得 10 分。

如:～的容量太小表面看来是小事一件,发展下去……|为了端正整风思想,解除思想顾虑,他用人格的力量向大家敞开了～的大门。

(6) 可以后附方位词构成处所结构,做"在""到""从"等介词的宾语,这种介词结构又可以做状语或补语修饰动词性成分。得 10 分。

如:刚浇过水的植物,在视觉上还能让人在～里感到充满希望……|一席话从他那饱经患难的～里,喷泉般冒了出来……|她不会客套,也不善辞令,但～里奔涌着感情的潮水。

(7) 不能做谓语和谓语核心(一般不能够带宾语,也不能受状语和补语的修饰,并且不能后附时体助词"着""了""过")。得 10 分。

(8) 不能做补语,并且一般不能做状语直接修饰动词性成分,只有少数名词可以通过省略"用""通过"等介词直接做状语修饰动词性成分。得 10 分。

结论:名词,积分 90 分,隶属度 0.9,属于比较典型的名词。

5. 脑海

指脑子(就思想、记忆的器官而言):十五年前的旧事,重又浮上他的～|烈士英勇的形象时时涌现在我的～中。[《现代汉语词典》(第 7 版),941 页]

对于名词的分布特征的适应情况:

(1) 不能受数量词的修饰。得 0 分。

(2) 不能受副词的修饰。得 20 分。

(3) 可以做典型的主语或宾语。得 20 分。

如：倘若～装着技术群体导向的观念,有些成熟的配套技术不用买……|管理者一边听着音乐,在不知不觉中自然的情景就会浮现～。|甚至没有人把有关"恐龙蛋"的概念灌注进西峡人的～。

(4) 可以做中心语受其他名词修饰,或者做定语直接修饰其他名词。得 10 分。

如：与其成为第一个进入市场的品牌,倒不如成为第一个进入消费者～的品牌。|如果行销是一场认知战,而非产品战,那么,顾客～的重要性,就高于市场的实际状况。

(5) 可以后附助词"的"构成"的"字结构,做主语、宾语或定语。得 10 分。

如：第一幅闪过～的图画,是撒旦诱骗德哈克杀害自己的父亲。|大漠荒荒,人少闭塞,文化贫乏,一直是西北边区在我们～的印象。|特别是边疆少数民族那些纯朴可亲的情谊电视般地时时在～的屏幕上播放。

(6) 可以后附方位词构成处所结构,做"在""到""从"等介词的宾语,这种介词结构又可以做状语或补语修饰动词性成分。得 10 分。

如：在他的～中,深圳交响乐团应该是 100 人左右的三管编制乐队。|那次对张将军的具有历史意义的访问,一直珍藏在我的～里。|因学业紧,此事在～里渐渐淡忘了。

(7) 不能做谓语和谓语核心(一般不能带宾语,也不能受状语和补语的修饰,并且不能后附时体助词"着""了""过")。得 10 分。

(8) 不能做补语,并且一般不能做状语直接修饰动词性成分,只有少数名词可以通过省略"用""通过"等介词直接做状语修饰动词性成分。得 10 分。

结论:名词,积分 90 分,隶属度 0.9,属于比较典型的名词。

6. 眼帘

指眼皮或眼内(多用于文学作品):垂下~|一片丰收的景色映入~。[《现代汉语词典》(第 7 版),1510 页]

对于名词的分布特征的适应情况:

(1) 不能受数量词的修饰。得 0 分。

(2) 不能受副词的修饰。得 20 分。

(3) 可以做典型的主语或宾语。得 20 分。

如:路旁如刀削的黄土坡上,"要致富,先修路""以法护路,人人有责"的大标语时常冲入~。|步入青龙镇敬老院,绿树鲜花映入~。

(4) 可以做中心语受其他名词修饰,或者做定语直接修饰其他名词。得 10 分。

如:打开每卷的扉页,一位著名语言学家、出版家的名字"罗竹风"便跳入读者~。|展现在笔者~的是一道道今昔对比的不等式。

(5) 可以后附助词"的"构成"的"字结构,做主语、宾语或定语)。得 10 分。

如:抢先扑进她~的是亲人一束束哀怨的目光。|步入华交所交易大厅,映入~的景象令人吃惊。|映满他~的件件物品使他难以忘却在中国度过的日子……

(6) 可以后附方位词构成处所结构,做"在""到""从"等介词的宾语,这种介词结构又可以做状语或补语修饰动词性成分。得 10 分。

如：先呈现到你～里的，会是几家镜框店。│世贤万万没有想到，映在他的～里的，是从来没有看见过的插着"太阳旗"的日本巡逻艇。│因伤缺阵今年中国大师赛的鲍春来在之前已经许久没有出现在球迷的～中。

（7）不能做谓语和谓语核心（一般不能带宾语，也不能受状语和补语的修饰，并且不能后附时体助词"着""了""过"）。得10分。

（8）不能做补语，并且一般不能做状语直接修饰动词性成分，只有少数名词可以通过省略"用""通过"等介词直接做状语修饰动词性成分。得10分。

结论：名词，积分90分，隶属度0.9，属于比较典型的名词。

7. 文坛

指文学界：～巨匠。[《现代汉语词典》（第7版），1373页]

对于名词的分布特征的适应情况：

（1）不能受数量词的修饰。得0分。

（2）不能受副词的修饰。得20分。

（3）可以做典型的主语或宾语。得20分。

如：1979年我复出～，在其他写作方面，一写十二年。│我国青年作家刘贵贤在中学时代由于教师给以积极的评价，使他走上～。│小说获《文学界》新人奖和芥川文学奖，她也从此登上了～。

（4）可以做中心语受其他名词修饰，或者做定语直接修饰其他名词。得10分。

如：欧阳修心里想，能写出这样精彩的文章，一定是一个～能手。│获得1970年度"全苏儿童文学作品一等奖"，使作家名震国内外～。│《陌生的朋友》是一部轰动欧洲～的社会小说。

（5）可以后附助词"的"构成"的"字结构，做主语、宾语或定语。得 10 分。

如：我们曾经把冰心老人称作是中国～的良心。|他是北宋中叶～的领袖。|得到了柳宗元的大力支持，古文影响更大，并逐渐压倒了骈文，成为～的主要风尚。

（6）可以后附方位词构成处所结构，做"在""到""从"等介词的宾语，这种介词结构又可以做状语或补语修饰动词性成分。得 10 分。

如：当我在～上被封杀时，我还是想法子、干苦力来谋生，我并没有偷鸡摸狗。|她也许明白自己应该在～中选择什么样的位置。|而且，在反动政治的迫害下面，在荒芜的武汉～中间，作为争取一个据点，它的存在本身就有着某种意义。

（7）不能做谓语和谓语核心（一般不能够带宾语，也不能受状语和补语的修饰，并且不能后附时体助词"着""了""过"）。得 10 分。

（8）不能做补语，并且一般不能做状语直接修饰动词性成分，只有少数名词可以通过省略"用""通过"等介词直接做状语修饰动词性成分。得 10 分。

结论：名词，积分 90 分，隶属度 0.9，属于比较典型的名词。

8. 败绩

对于名词的分布特征的适应情况：

（1）不能受数量词的修饰。得 0 分。

（2）不能受副词的修饰。得 20 分。

（3）可以做典型的主语或宾语。得 20 分。

如：但他们均在首轮即遭～，失去了争冠资格。|令人痛心的～，使他感到提高职工文化素养和业务水平的急迫性。|在阿根廷举行的世界青年足球锦标赛上，伊朗队连败三场提前出局。这一～，引起了伊朗国内媒体的强烈不满。

（4）可以做中心语受其他名词修饰，或者做定语直接修饰其他名词。得 10 分。

如：利物浦队主场 1 比 2 不敌南安普敦队，遭遇本赛季在主场的第四场～。｜防守不足再次暴露，主场 0 比 2 不敌弗勒姆队，遭受连续第三个主场～。

（5）可以后附助词"的"构成"的"字结构，做主语、宾语或定语。得 10 分。

如：2 比 1 的比分捍卫了本队自 1934 年以来在世界杯首场比赛中没有～的记录。｜以为我军坦克在技术上的拙劣是造成这次损失巨大、影响深远的～的唯一原因。｜在最近的 18 场比赛中，该队已经艰涩地吞下 14 场～的苦果，而且每次都是以一分、两分的微弱差距惜败。

（6）不能后附方位词构成处所结构，做"在""到""从"等介词的宾语，这种介词结构又可以做状语或补语修饰动词性成分。得 0 分。

（7）不能做谓语和谓语核心（一般不能带宾语，也不能受状语和补语的修饰，并且不能后附时体助词"着""了""过"）。得 10 分。

（8）不能做补语，并且一般不能做状语直接修饰动词性成分，只有少数名词可以通过省略"用""通过"等介词直接做状语修饰动词性成分。得 10 分。

结论：名词，积分 80 分，隶属度 0.8，属于比较典型的名词。

9. 心术

① 心思，念头（多指坏的）：～不正。

② 心计；计谋；他是个有～的人。[《现代汉语词典》（第 7 版），1456 页]

对于名词的分布特征的适应情况：

(1) 不能受数量词的修饰。得 0 分。

(2) 不能受副词的修饰。得 20 分。

(3) 可以做典型的主语或宾语。得 20 分。

如：若人的相貌和形体并不佳,但~正派,仍不失为君子。|然而,从一开头,他的~便不正,为的是钱,是待价而沽。|如果~不正,足智多谋并不是优点。|主人是个冷艳而苛刻的北京少妇,年龄不到 27,却极有~。

(4) 可以做中心语受其他名词修饰,或者做定语直接修饰其他名词。得 10 分。

如：史上对他们的评论统斥之为"封建余孽",说他们的作品都是"坏人~,消磨志气"。|而生平~品行,若犀然镜照而无遁形……

(5) 可以后附助词"的"构成"的"字结构,做主语、宾语或定语。得 10 分。

如：作为一个厨子,重要的还不止于技术而应该还有一个~的问题,不偷工减料……|长于考证前代风土人情的小说家,她的才能这次却要施展在一些善工~的特洛伊式英雄人物身上了。

(6) 不能后附方位词构成处所结构,做"在""到""从"等介词的宾语,这种介词结构又可以做状语或补语修饰动词性成分。得 0 分。

(7) 不能做谓语和谓语核心(一般不能带宾语,也不能受状语和补语的修饰,并且不能后附时体助词"着""了""过")。得 10 分。

(8) 不能做补语,并且一般不能做状语直接修饰动词性成分,只有少数名词可以通过省略"用""通过"等介词直接做状语修饰动词性成分。得 10 分。

结论：名词,积分 80 分,隶属度 0.8,属于比较典型的名词。

第二节 斥量名词隶属度分析

我们将上述考察结果列表分析如下。

表 4-1 含[＋唯一量]斥量名词隶属度

含[＋唯一量]斥量名词隶属度				
名词	语义特征	积分	隶属度	资格的典型性
苍穹	[＋唯一量]	90	0.9	比较典型
宇宙	[＋唯一量]	90	0.9	比较典型
老天爷	[＋唯一量]	70	0.7	不太典型
大自然	[＋唯一量]	90	0.9	比较典型
地狱	[＋唯一量]	90	0.9	比较典型
爹妈	[＋唯一量]	90	0.9	比较典型
官方	[＋唯一量]	90	0.9	比较典型
电信	[＋唯一量]	90	0.9	比较典型
原籍	[＋唯一量]	90	0.9	比较典型
隔壁	[＋唯一量]	90	0.9	比较典型
财政	[＋唯一量]	90	0.9	比较典型
上文	[＋唯一量]	90	0.9	比较典型
本文	[＋唯一量]	90	0.9	比较典型
贵处	[＋唯一量]	80	0.8	比较典型

表 4-2 含[＋唯一量]表人名词隶属度

含[＋唯一量]表人名词隶属度				
名词	语义特征	积分	隶属度	资格的典型性
老天爷	[＋唯一量]	100	1.0	典型
爹妈	[＋唯一量]	100	1.0	典型
长女	[＋唯一量]	100	1.0	典型
总统	[＋唯一量]	100	1.0	典型

以所考察的"苍穹""宇宙""大自然"等 16 个含[＋唯一量]斥量名词,其名词隶属度分为三种情况:

第一,13 个斥量名词属于比较典型的名词。其中 12 个含[＋唯一量]斥量名词隶属度为 0.9,1 个含[＋唯一量]斥量名词"贵处"名词隶属度为 0.8,均属于比较典型的名词。

第二,2 个含[＋唯一量]斥量名词"长女""总统"表人名词隶属度为 1.0,属于典型的表人名词。

第三,1 个含[＋唯一量]斥量名词"老天爷"名词隶属度为 0.7,属于不太典型的名词,但"老天爷"表人名词隶属度很高,为 1.0,属于典型的表人名词。

表 4-3　含[＋精确量]斥量名词的名词隶属度

含[＋精确量]斥量名词的名词隶属度				
名词	语义特征	积分	隶属度	资格的典型性
一线	[＋精确量]	90	0.9	比较典型
双方	[＋精确量]	90	0.9	比较典型
四邻	[＋精确量]	90	0.9	比较典型
四季	[＋精确量]	90	0.9	比较典型
五官	[＋精确量]	90	0.9	比较典型
九族	[＋精确量]	70	0.7	不太典型
两极	[＋精确量]	90	0.9	比较典型
五谷	[＋精确量]	90	0.9	比较典型
七窍	[＋精确量]	70	0.7	不太典型
九泉	[＋精确量]	70	0.7	不太典型

以上我们考察了以"一线""双方""四邻"等 10 个蕴含[＋精确量]斥量名词的隶属度问题,其中 7 个含[＋精确量]斥量名词其名词的隶属度为 0.8 或 0.9,属于比较典型的名词;有 3 个含[＋精确量]斥量名词"七窍""九族""九泉"其名词隶属度为 0.7,

属于不太典型的名词。

表4-4 含[-精确量]斥量名词隶属度

含[-精确量]斥量名词隶属度				
名词	语义特征	积分	隶属度	资格的典型性
半路	[-精确量]	80	0.8	比较典型
半价	[-精确量]	80	0.8	比较典型
全家	[-精确量]	90	0.9	比较典型
全国	[-精确量]	80	0.8	比较典型
民众	[-精确量]	90	0.9	比较典型
群岛	[-精确量]	90	0.9	比较典型
全文	[-精确量]	80	0.8	比较典型
粗细	[-精确量]	80	0.8	比较典型
功过	[-精确量]	90	0.9	比较典型
输赢	[-精确量]	90	0.9	比较典型

以上我们考察了以"半路""半价""粗细"10个蕴含[-精确量]斥量名词的隶属度问题,10个词语中5个的名词隶属度为0.8,另外5个的名词隶属度为0.9,所以这10个蕴含[-精确量]的斥量名词都属于比较典型的名词。

表4-5 含[±精确量]斥量名词隶属度

含[±精确量]斥量名词隶属度				
名词	语义特征	积分	隶属度	资格的典型性
差额	[±精确量]	90	0.9	比较典型
高温	[±精确量]	80	0.8	比较典型
身高	[±精确量]	90	0.9	比较典型
宽度	[±精确量]	90	0.9	比较典型
体重	[±精确量]	90	0.9	比较典型
沸点	[±精确量]	90	0.9	比较典型
片长	[±精确量]	80	0.8	比较典型

以上我们考察了以"差额""高温""身高"等7个蕴含[±精确量]斥量名词的隶属度问题,7个词语的名词隶属度为0.8—0.9,也就是说这7个蕴含[±精确量]的斥量名词都属于比较典型的名词。

表4-6　含特定义斥量名词隶属度

含特定意义斥量名词隶属度			
名词	语义特征	积分	隶属度	资格的典型性
风尘	[转喻义]	80	0.8	比较典型
肝胆	[转喻义]	80	0.8	比较典型
江湖	[转喻义]	90	0.9	比较典型
心胸	[转喻义]	90	0.9	比较典型
脑海	[转喻义]	90	0.9	比较典型
眼帘	[转喻义]	90	0.9	比较典型
文坛	[转喻义]	90	0.9	比较典型
败绩	[色彩义]	80	0.8	比较典型
心术	[色彩义]	80	0.8	比较典型

以上我们考察了以"风尘""肝胆""江湖"等9个蕴含特定义斥量名词的名词隶属度问题,其中5个词语的名词隶属度为0.9,4个词语的名词隶属度为0.8。所以这9个蕴含特定义的斥量名词都属于比较典型的名词。

表4-7　各类斥量名词隶属度表

类型	数量	典型性	
		比较典型	不太典型
[+唯一量]	16	15	1
[+精确量]	10	7	3
[-精确量]	10	10	0
[±精确量]	7	7	0
特定义	9	9	0
	52	48	4

依据表4-7,我们作图4-1如下。

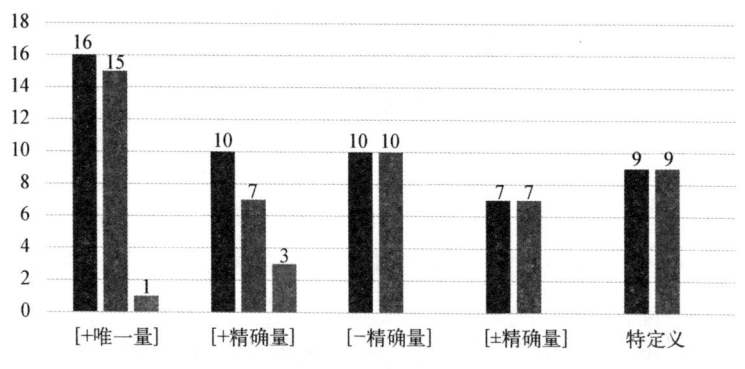

图4-1　各类斥量名词隶属度分析

综上所述,我们一共考察了16个含[＋唯一量]、10个含[＋精确量]、10个含[－精确量]、7个含[±精确量]、9个含特定义的斥量名词共计52个,其中48个属于比较典型的名词,4个属于典型的表人名词,只有4个属于不太典型的名词。

经过考察我们最终得出结论:斥量名词的名词隶属度很高。斥量名词不是语法学家认为的边缘名词,也不是少数名词,更不是不典型的名词。斥量名词同可以受数量短语修饰的普通名词一样,是名词阵营的中坚力量,与普通名词唯一相区别之处在于它们较为排斥数量短语的直接修饰。

第五章　汉语名词斥量的层级性

第一节　现代汉语名词的维度①

汉语里最典型的名词是占据三维空间的实体,典型的名词一般都可以受数量短语修饰,这已经是近几十年来汉语语法学界达成的共识。

如陈平(1988)指出,就最典型的事物而言,它们一般都占据一定的空间,随着具体事物类型的不同而表现出大小、高低、厚薄、聚散、离合等特征。

张伯江(1994)指出,可以假设名词活用自由度各异是名词这个类别内部典型性差异的表现。也就是说,名词内部的典型成员在功能上应该表现出较强的稳定性,非典型成员功能上就会表现出一定的游移性。他还援引了 Taylor 参考的 Ross、Langacker 等人的说法,把名词的典型性特征依次归纳为:

　　离散的、有形的、占有三维空间的实体＞非空间领域的实体＞集体实体＞抽象实体

另外,他还指出,我们说抽象名词不是名词里的典型成员,是从语义角度着眼的;同时,句法形式上也可以找到相应的表现:典型的名词都可以受量词修饰,尤其是个体量词和集合量

---

①　本节内容已投《云南师范大学学报·对外汉语教学与研究版》,待刊。

词,而抽象名词只能受"种""类""点儿""些"等量词修饰。

但是这里说的空间性与名词词义所蕴含的空间义不同。如储泽祥(1997)把现代汉语的名词分为两大类:有空间义的名词和无空间义的名词,并讨论了空间义及其对名词句法功能的影响。他指出,强空间性名词,可以被"满"修饰,如"满大街""满世界""满地""满身""满脸"等。弱空间性名词,不能被"满"修饰,如"水""火""沙子""葱""眼睛"等。这里所说的空间指这些名词蕴含空间义,我们所说的空间指的是占据三维空间的物体。

一、现代汉语名词的维度次类

石毓智(2001)认为量词和名词的搭配不是随意的,是由所修饰名词指示的事物的各个维度之间的比例决定的。因此有些事物或者事物的某一方面被看作零维(如"点")、一维(如"线")或者二维("面")。

在这个观点的启发下,我们发现汉语里名词所代表的事物是有维度的。

根据名词所指称的事物维度的不同,我们可以将名词分为四个次类:三维名词、二维名词、一维名词和零维名词。列举如下:

三维名词:桌子、椅子、灯、电脑、杯子、房子、树……

二维名词:被子、马路、树叶、红旗、毛巾、镜子、田、地……

一维名词:身高、长度、高度、体重、体积、温度、落差……

零维名词:水、牛奶、沙子、石油、思想、意志、集体、五官、群众……

从认知的视角分析,三维名词如"桌子"所指一般为具有三维空间的个体,因为桌子具有长度、宽度和高度。三维名词所指的为三维的个体。

二维名词如"被子",尽管客观事物本身仍然是具有长度、宽度、高度的三维物体,但在视觉效果上人们通常注意到的是被子的长度和宽度,厚度一般忽略,所以我们认为认知作用后的名词"被子"是二维的。二维名词指称的为具有二维的平面。

一维名词如"身高"所指一般为一维的量度的大小,"身高""长度"等为一维的量的大小,比较容易理解,而"重量""体积""温度"等如何理解为一维的量,请参考马庆株(1998)的论述。这类一维名词我们一般称之为"度量名词",关于度量名词的语义特征以及句法表现可参考前文。

零维名词如"水""空气""天然气""石油"等所指一般为自然界的某种物质。物质本来较为抽象,但有一些物质因与人们的日常生活息息相关,所以在心理上便不觉得它们有多抽象。另外一部分零维名词如"思想""意志"等一般为非实体的抽象概念。

认知上从三维到二维,再到一维,最后到零维的过渡,同时也是从空间到平面,再到量度,最后到物质或概念的过渡。可以表示如下:

三维＞二维＞一维＞零维
空间＞平面＞量度＞物质或概念

这种过渡类似于数学上从整体到平面,再到线,最后到点的图形的过渡。同时也实现了人类在认知上从具体/有形的整体到具体/有形的面,再到具体/无形的量,最后到抽象/无形的概念或物质的过渡。可以表示如下:

整体＞面＞线＞点
具体/有形的整体＞具体/有形的面＞具体/无形的量＞抽象/无形的概念或物质

这反映了人们在认知上从重视个体事物的整体性,到凸显物体的平面,再到仅关注物体的量度,最后虚化到抽象的物质或概念的一种过渡,同时也正是名词从原型范畴的成员到非原型范畴的成员之间的一种逐步过渡。

我们认为,名词从典型名词到非典型名词在认知和语义特征上经历了这样一种过渡:

具体/有形的三维空间的个体＞具体/有形的二维的平面＞具体/无形的一维的量度＞抽象/无形的零维概念或物质

所以我们认为,最不典型的名词不是 Taylor 等所说的抽象实体,而是抽象概念,如上文所说的零维名词"思想""意识""集体""群众"等。

二、零维名词

三维名词和二维名词大部分学者研究较为充分,无须赘述。由于零维名词很难判断,我们有必要进行分析说明。

以下名词一般都是零维的,大致可以分为三种类型:

A 类:空气、水、牛奶、油、肉、木头、石油、天然气、煤气、墨水、钢铁、棉、丝、布、食物、煤炭、纤维、塑料、电、磁场、金属……

B 类:思想、集体、意识、意志、道德、思维、规律、国家、世界、社会、制度、文化、友谊……

C 类:五官、四肢、三军、三餐、双亲、双方、四季、全程、全局、群众、众人、人群、群岛、羊群、繁花……

A 类零维名词所指一般为自然界的某种物质,或为类别的名称。B 类零维名词所指一般为非实体的、抽象的概念。C 类零维名词词语内部蕴含数量义:一部分蕴含显性数量义,如"五官""四肢""双亲""双方""四级""三餐"……另一部分蕴含隐性数量义,如"全程""全局""群众""众人""人群""群岛""羊群""繁花"……

张国宪(2006)认为程度性是所有形容词的典型语义特征。我们认为"维度性"是所有名词的典型语义特征,不同次范畴的名词会有不同的维度,从典型的具有空间性的三维,到具有平面的二维,再到具有量的一维,以及不典型的零维,逐步实现了名词词类大家族中从原型范畴成员到非原型范畴成员的过渡。

三、现代汉语名词维度的句法表现

通过观察我们发现,名词的维度不同,名词的次类在词语组合和句法形式上也有相应的不同表现。

(一)"数+量+名"结构中量词随名词维度不同而变化

三维名词一般可以受个体量词修饰。如:

一张桌子|一把椅子|一盏灯

二维名词可以受量词"条""片""面""块"修饰。如:

一条被子|一条马路|一片树叶|一面红旗|一块田|一片地

一维名词指称的是事物的属性和量度,为一维的量的大小,词义蕴含[±精确量],所以这类名词在形式上一般不能再受个体量词修饰,取值诉诸"数词+度量衡量词"才能具体量化这些数/量特征。取值诉诸"数+度量衡量词"是对这种量度进行精确计量,也可以用形容词的程度性与其句法上共现来对其量度进行模糊计量。在第三章中的《斥量的语义动因之四》已有论述。

"数+度量衡量词"或形容词共现,如:

原价1 260元|1 610元的原价

航程近1.75万海里|1 000千米的航程

两个师的兵力|半个身子的宽度

身高(为/达)一米八|一米八的身高

体重(为/达)52.3公斤|52.3公斤的体重

沸点为100摄氏度|沸点很高(低)

温度38 ℃|温度很高(低)

指量短语复指后可以更加自由地做主宾语,如:

活到这个岁数|活不到他那个岁数

零维名词在句法上有三种情况:

A类零维名词:可搭配度量衡量词和容器量词。如:"三吨水""两杯牛奶""一百立方天然气""五罐煤气"等。可搭配"点、些"。如:"一点水""一些水""一点墨水""一些牛奶"等。可搭配量词"种"。如:"一种牛奶""一种石油""一种塑料"等。但汉语中很多一物多量现象,有的也可换用别的量词。如:"两块布""两份食物",但与"两种布""两种食物"结构的意义不同。

B类零维名词常用量词"种"或"个"搭配。如:"一种思想""两个集体""三个国家"等。

C类零维名词一般排斥与量词搭配。

(二)"数+量+名"结构中数词是否受限与名词维度有关

三维名词构成的"数+量+名"结构中,数词不受限制。

如:五台电脑|八棵树

二维名词构成的"数+量+名"结构中,数词不受限制。

如:三条毛巾|两面镜子

一维名词可直接与数词或"数+度量衡量词"共现。

如:身高180(厘米)|长度20(分米)|温度25(摄氏度)|落差60(米)

零维名词:

A类零维名词搭配度量衡量词和容器量词时数词不受限制。搭配"种"时,数词受到限制,限用"一""几"等。搭配"点""些",数词限用"一"。

B类零维名词搭配"种"或"个",数词受到限制,限用"一""几"等。

C类零维名词不能构成"数+量+名"结构,但词语蕴含数字语素或广义的量化语素。

一维名词与C类零维名词一般排斥与常见的量词搭配使用,属于"斥量名词",但"斥量名词"不都是一维名词与C类零维名词。

(三) 维度不同构成的"数+量+名"结构功能不同

三维名词构成的"数+量+名"结构,是对三维空间的个体进行精确计量。

二维名词构成的"数+量+名"结构,是对二维的平面进行精确计量。

一维名词词语本身蕴含量度,不可计量。

零维名词构成的"数+量+名"结构情况如下:

A类零维名词可搭配度量衡量词和容器量词构成"数+量+名"结构,是对物质的精确计量;搭配"点""些"构成"数+量+名"结构,是对物质的模糊计量,故不能重复计量,数词限用;搭配"种"构成"数+量+名"结构,是对物质或概念进行分类而不是计量。

B类零维名词构成"数+量+名"结构,主要起到对抽象概念的分类作用。

对事物进行精确计量时可以重复计量,数词不受限制。但对事物进行模糊计量和对物质或概念进行分类时,不能重复计量,所以数词受限。

上文提及的汉语中的一物多量现象,如"两块布""两份食物"与"两种布""两种食物","数+量+名"结构表示的意义不同:前者为计量,后者为分类。

四、量名语义搭配的认知理据

为何有的量词和名词可以形成固定搭配,从量词并不丰富的古代汉语发展为今天现代汉语中的专用量词,而有的却是一物多量或者使用泛用量词"个"? 我们认为,汉语量名之间语义搭配关系的形成,有一定的认知理据:源于人们对事物之间的相似性和相关性的认知,量词与所修饰限制的名词之间逐渐具有了稳定的语义搭配关系。

(一) 量名语义搭配的相似性

为何汉语用量词"张"凸显"桌子"最显著的特征"桌面",而不用类似的表示平而薄意义的量词"片"? 因为"张"的本义为"张开的弓",借用为量词后用于修饰所有在认知上可以展开的东西。以下事物与"张开的弓"之间都具有这种相似性,所以都可以选用量词"张"进行修饰。

一张弓/画/嘴/纸/扑克/凉席/卡片/饼/人民币/支票/地图/告示/床

有修辞作用的"数+量+名"结构中的量名搭配多是源于这种认知上的相似性:

一片好心/心意/赤诚/丹心/欢腾

一丝细雨/希望/苦楚/甜头

(二) 量名语义搭配的相关性

比如量词"盏"的借用。"盏"的本义为古代油灯盛油的器皿或喝茶的茶盏,以此借用为对灯和茶的计量,这是由器皿(或称载体)借用为对事物本身的计量,两者有相关性。如:

一盏台灯/茶/燕窝

类似这样的用法很多:

一床脏衣服|一地鸡毛|一肚子委屈|一脸彷徨和无奈

我们认为,"一量多物"的产生也是源于人们观察事物时认知的视角不同,"一张纸"着眼于纸可以展开,"一片纸"着眼于纸的厚度和质感是平而薄的。"一条被子"着眼于被子是二维的平面,"一床被子"借用与之相关的物体(载体)进行计量,凸显事物的功能性。

五、名词的语义维度与量词的作用

(一) 量词的使用使名词的维度转换

名词为何要搭配量词?量词对名词起到什么作用?

从功能的角度看,量词修饰名词时所起到的作用是凸显名词的形象性和功能性。有的主要凸显其形象性,如"一滴水""一片肉""一块肉""一条鱼""一条马路""一条被子""一张纸""一面红旗"等。有的主要凸显名词的功能性,如"一把椅子""一床被子"。有的兼而有之,如"一张桌子""一张床",既凸显两者最重要的部分"桌面""床"的平面形象性,又凸显了其功能性(即关注三维物体的有实用功能的部分)。

从认知的角度看,量词的使用可以使名词的维度发生转换。如抽象的物质"肉"原属于零维名词的类别,搭配量词"块"后,"一块肉"转换为三维的实体,"一片肉"转换为二维的平面。搭配量词后,投射到语言中的数量短语"一块肉"和"一片肉"分别反映了人们对三维形体和二维平面的感知,由边界模糊的、不易感知的物质逐渐转换为边界清晰的易于感知的物体。

名词的维度为何要转换?因为在认知上具体有形的整体(三维名词)、具体有形的面(二维名词)因其具体有形易于把握,而具体无形的量(一维名词)、抽象无形的概念或物质(零维名词)因其无形而让人难以感知和把握。所以很多抽象无形的概念可以当成具体有形的三维实体去指称。比如零维名词"想法""制度"等可以借助量词的使用当成三维名词去感知和把握,如可以说"这个想法""一个想法""这个制度""一个制度""一种制度"等。抽象无形的概念和物质只有当成三维的实体才便于把握,很多学者认为量词"个"具有个化和语法化的作用,其实从深层次的语义和认知来看是借量词实现名词维度之间的转换。

据此,我们认为在隐喻机制的作用下,名词可以借助量词实现语义维度的转化,比较常见的是把零维名词当成三维名词或二维名词使用,抽象的物质和概念可以实现从抽象无形到具体有形的转化。

(二) 维度是认知作用后的维度

石毓智(2001)认为,从理论上看,任何客观存在的物体都是三维的。不论"条"还是"张",所称量的事物实际上都是三维的。零维的事物通常用"点"称数,比如"一点墨水"。二维空间的形状量词主要有"张"和"条"。三维空间的形状量词主要有"块"和"片"。

我们不认同这一观点,也很难理解"纸""肉""沙子""水"的三维空间性,至少从使用的角度来讲,在"一片纸""一片肉"里人们只关注到"纸""肉"这类事物的二维的平面。而除"一粒沙子""一滴水"外,我们一般对这类物质的个体是忽略不计的。我们认为事物本身是有维度的,量词本身是没有维度的,而在语言中发挥认知这个中介作用后名量短语形成了一定的维度。所以长期以来量词被称为"单位词"是合适的。而且特别强调的是,名词的维度是经过语言认知这个中介作用后的维度,可能与客观事物本来的维度存在着一定的差异。因此,我们所说的维度是认知的维度,不是客观事物本身的维度。

（三）量词从强制到被排斥

汉语中部分"数＋量＋名"结构中量词和名词的搭配没有理据性，一量多物、一物多量现象大量存在。另外通过研究斥量名词我们发现，斥量名词在汉语中大量存在。这两点说明在现代汉语"数＋量＋名"结构中的量词的使用具有一定的强制性。

根据吴福祥等（2006）的研究，大约在西汉前后，随着"名＋数"格式的逐渐衰落以及"数＋单位词（＋之）＋名"中属格标记"之"的脱落，"数＋单位词＋名"这一格式获得了实际计量的功能，两汉时期，逐渐形成了"数＋个体量词＋名"的格式。

汉语名词以具备形象特征的三维个体名词，经过隐喻和类推逐渐实现到二维的平面，再到一维的量度，最后到无实体的零维物质或概念的过渡，并且逐步范畴化。与此同时，名词的外延同时跨越了有界—无界、具体—抽象的界限。在有界—无界、具体—抽象的过渡中，名词在语法上则体现为由强制搭配数量逐渐过渡为完全排斥数量。

我们认为三维名词和量词构成"数＋个体量词＋名"结构、二维名词和量词构成的"数＋量＋名"结构中，量词的使用都具有明显的强制性和排他性，A 类、B 类零维名词构成的"数＋量＋名"结构中常出现一量多物、一物多量现象，量词的强制性减弱，一维名词和 C 类零维名词上则表现为排斥数量，量词从强制性逐渐过渡为被排斥。

第二节　汉语名词斥量的层级性

一、汉语名词斥量的层级性

名词从典型范畴的成员到非典型范畴成员是逐步过渡的，

名词所代表的事物从具体有形的三维空间的个体,向具体有形的二维的平面,再向具体无形的一维的量度,最后向抽象无形的零维概念或物质逐步过渡。

依据维度的不同我们把名词分为三维名词、二维名词、一维名词和零维名词四个次类。这四个次类在句法上有相应的表现:

"数+量+名"结构中量词随名词维度的不同而变化,"数+量+名"结构中数词是否受限跟名词的维度有关,维度不同的名词构成的"数+量+名"结构的功能也不同。我们还发现,名量之间语义搭配关系的形成,源于认知上人们对事物相似性和相关性的认知。

汉语名词以具备形象特征的三维个体名词,经过隐喻和类推逐渐实现到二维的平面,再到一维的量度,最后到无实体的零维概念的过渡,并且逐步范畴化。与此同时,名词的外延同时跨越了有界—无界、具体—抽象的界限。在有界—无界、具体—抽象的过渡中,名词在语法上则体现为由强制搭配数量逐渐过渡为完全排斥数量。可见,名词的斥量是逐步过渡的,名词斥量是有层级的。

(一)名词斥量的层级性

汉语名词的斥量性从低到高逐级增加,大致是这样排列的:

1. 搭配专用量词据形分类

三维名词可以受个体专用量词修饰。量词的作用常常是据形分类。如:

一张桌子|一把椅子|一盏灯|一条鱼

2. 搭配形状量词据形分类

二维名词可以受量词"条""片""块"修饰。量词的作用也是

据形分类。如:

一条被子｜一条马路｜一片树叶｜一面红旗｜一块田｜一片地

3. 搭配泛用量词凸显体量和有界性

三维名词、二维名词、零维名词:搭配"个",凸显名词的体量,标志其有界性。如:

三个国家｜一个想法

4. 搭配度量衡量词和容器量词赋形分类

零维名词可搭配度量衡量词和容器量词。如:

三吨水｜两杯牛奶｜一百立方米天然气｜五罐煤气

还可搭配量词"点、些"。如:

一点水｜一些水｜一点墨水｜一些牛奶

量词的作用是赋形分类。

5. 搭配种类量词无形分类

A类零维名词可搭配量词"种"。如:

一种牛奶｜一种石油｜一种塑料

B类零维名词可搭配量词"种"或"个"。如:

一种思想｜两个集体

量词的作用是无形分类。

6. 一维名词和C类零维名词斥量

一维名词、C类零维名词前一般排斥量词修饰,即排斥数量。

(二) 各级名词斥量的强弱

1. 强制数量

第1类、第2类中的名词强制搭配数量,表现为四个方面:

第一,数名组合需要量词参与。

可以计数是世界上绝大多数事物的共同特征,因此任何语言都需要表达数量和事物的词类。以汉语为代表的量特征的语言其特色在于,一般情况下,数词和指称事物的名词的组合需要量词的参与。量词的出现,在数名组合时具有某种强制性。

第二,量词不具选择性。

当数词和名词出现时,量词一般没有选择性,如:

一(　)刀　　一(　)衣服　　一(　)灯　　一(　)桌子
一(　)窗户　一(　)票　　　一(　)词典　一(　)裤子
一(　)树叶　一(　)镜子　　一(　)马路　一(　)冰箱

第三,量词兼具形象特征与分类功能。

典型的汉语名量词既有形象特征,又具有分类功能,比如"张""把""片""条"等。

第四,量词的选择有理据性。学界关注较多,此处不赘述。

2. 具备斥量性

从第3类名词开始具备一定的斥量性,第4类、第5类均具备一定的斥量性。表现为三个方面:

第一,容器隐喻赋形计量。

零维名词搭配度量衡量词和容器量词是将无形的物质赋形,便于计数和称量。如:

三杯牛奶|一桶水|两瓶墨水

因为物质本身无固定形象,由借用的容器隐喻完成赋形,量词完成形象化。此时的量词逐渐丧失了个体量词的形象特征和分类功能。

第二,"个"提示离散性。

(1) 泛用量词"个"搭配三维名词、二维名词是为了凸显事物本身的体量,标志其有界,如"两个桌子""两个毛巾""三个词典"等。

(2) 泛用量词"个"搭配B类零维名词是将无形的概念进行

分类,便于计数。如:

一个思想|一个集体|三个国家

泛用量词"个"的使用本身就表明名量搭配开始不具有明显的理据性,量词不具备形象特征和分类功能,仅仅是为了提示事物的离散性。

第三,"种"强制范畴化。

A类零维名词和B类零维名词搭配种类量词其实是一种由类推导致的强制范畴化现象,即现代汉语里数名搭配强制量词参与的范畴化现象,如果一个名词只能受种类量词或泛用量词"个"修饰,这样的名词我们认为应该纳入斥量名词范畴。

3. 排斥数量

第6类排斥数量,属于斥量名词。

上面的表述可图示如下。

普通名词	过渡	斥量名词
强制数量	具备斥量性	排斥数量

图 5-1　名词斥量的层级性

二、从斥量层级看斥量名词的词类地位

(一) 普通名词可过渡为斥量名词

与二维名词搭配的量词常用的有"条""片""面"等形状量词,如"一条马路""一条被子""一片树叶""一面镜子",量词与所修饰限制的事物之间在认知上具有形体的一致性。但当二维的平面达到一定程度时,在人们的认知上却难以计量,或者根本没有相应的量词与之搭配计量,如"火海""水面"等,可以说"一片

火海""一片水面",而如"海面""河面""林海""星海"等,一般排斥与量词搭配使用,这些名词由普通名词逐渐过渡为斥量名词。

汉语里部分名词如"江""河""湖""海""沙漠""森林"等,都属于二维名词,但其名量组合自由度很低,主要表现为两个方面:量词限于"条""片"等,数词限于"一",如"一条河""一片湖""一片海""一片沙漠""一片森林"等。

究其原因,名词的语义维度呈现出一种过渡而非界限分明的跳跃,如当二维的平面大到一定程度时,人们在认知上便很难计量。但到底这种平面在何种程度范围内可以计量,人们的认知却是模糊的。而且如果平面大到没有边界,也不再需要计量。当人们看到大海时,首先映入眼帘的是一望无际的海面,所以海面成了"大海"显著度最高的部分。因此,虽然可以说"一条河""一片湖""一片海""一片沙漠""一片森林",即借助量词进行量化,但这时已经不是计量,其实只是在"数+名"结构中强制性地加入量词,这样才符合现代汉语的表达习惯。而类似的"火海""花海""林海""人海"等,"一片花海""一片火海"在语料库中检索的例句非常有限,"林海""人海"几乎不能与量词搭配,其已经过渡为斥量名词。

(二) 斥量名词非边缘名词

一维名词与C类零维名词构成斥量名词,这类名词是一般传统意义上认为的不典型名词:不占据三维的空间,不指称实体,常用来指称无形的量或无形的概念,其排斥受数量短语的直接修饰。

语言类型学的研究告诉我们,汉语是量特征的语言。既然受量词修饰是汉语名词的一个最重要的形式特征,那么这类排斥直接受量词修饰的斥量名词为什么依然会被归入名词的阵营呢?

经过考察,我们发现这类名词除排斥受数量短语修饰之外,在句法上的表现与普通名词基本一致,即在句中经常做主语、宾语(可参考第四章中的《斥量名词隶属度分析》)。

我们认为斥量名词同普通名词一样具有指称义,只是典型名词指称个体事物,斥量名词指称量度或抽象的物质及概念。除排斥受数量短语直接修饰外,斥量名词同普通名词的句法表现一致,即在句中经常做主语、宾语或定语。斥量名词与普通名词句法表现相当,都具有名词的指称功能,这正说明它们与普通名词地位相当,所以我们不应该把它们视为名词中边缘的一类。

另外从占比上讲,据王惠(2004)所考察的 4 343 个名词义位中,不能受任何数量词修饰的名词共有 574 个,占总数的13.2%,如"宽度""全局""总数"等。可见,斥量名词在名词中所占的比重很大,数量较多,其地位也不容忽视。

王惠(2004)把名词做宾语、做主语、受数量词修饰做中心语、受名词直接修饰做中心语、做定语(直接修饰名词)这 5 项分布看作是现代汉语名词义位的"优势分布";能做谓语、做状语、受动词直接修饰、受人称代词直接修饰、受数词直接修饰这 5 项分布是"弱势分布",只能由少数名词充当。而且无论优势分布还是弱势分布,没有一项语法功能是全体名词都具有的。我们认同这一观点。

据此我们认为,句法表现方面上述 5 项优势分布是名词归类和名词次类划分的首要特征,而名量的组合能力则是名词词类的次要特征。所以说能和量词搭配只能是典型名词的形式特征,但不能说是所有名词最重要的形式特征。

(三) 名量关系与名词的两大次类

普通名词和斥量名词是根据名量关系给名词分出的两大次

类。两个次类具有如下特征:

1. 句法表现的一致性

两个次类在句法表现上具有一致性:

(1) 不能受副词的修饰。

(2) 可以做典型的主语或宾语。

(3) 不能做谓语和谓语核心。

一般不能够带宾语,也不能受状语和补语的修饰,并且不能后附时体助词"着""了""过"。

(4) 不能做补语,并且一般不能做状语直接修饰动词性成分。只有少数名词可以通过省略"用""通过"等介词直接做状语修饰动词性成分。

2. 名量关系上的对立性

普通名词可以直接被数量短语修饰,斥量名词排斥数量短语修饰。

3. 同一维度上的斥量性

从斥量强弱看,二者在同一个维度上:普通名词斥量性弱,强制数量的表现强;斥量名词斥量性强,强制数量的表现弱。二者在同一维度上逐步过渡。

4. 在与量词搭配的类型上表现出斥量层级性

如下图 5-2 所示。

普通名词	过渡	斥量名词
专用量词	借用量词、泛用量词	无量词

图 5-2　普通名词与斥量名词的斥量层级

5. 语义特征的对立性

典型的普通名词有强空间性,典型的斥量名词有强量度性,两者语义特征呈对立的状态。

第六章　斥量名词斥量的相对性

名词指称人或事物,其指称对象可以分为有界和无界两种。有界的事物可以计数,无界的事物天然具有不可计数的特性。

数量短语存在的目的在于对事物进行计数,因而它天然地倾向于和有界的事物相搭配,排斥与无界的事物相搭配。

指称有界事物的名词,只有在词义本身包含数量的时候,才完全排斥和数量短语直接搭配(如"四肢""五官""列强"等)。

指称无界事物的名词,只有其指称对象在通过计量单称称量("两吨水")或容器赋形("一碗水"),或其他方式赋形("一滴水"),即有界化以后,才能直接受数量短语修饰。

斥量名词对数量的排斥是相对的,其斥量性是可以变化的。

第一节　名词斥量性的变化

一、认知引起斥量性的变化

一个名词的斥量性是可以变化的,这个变化取决于,其含数特性或无界特性在认知上是否变化。比如,当我们认为"天""地狱""海""大海"是一个整体的时候,它们就是斥量的;当我们认为"天""地狱"有很多层的时候("九重天""十八层地狱"),它们就不是斥量的。作为"云南十八怪"之一的"湖泊称作海",这本源于云南的习俗,但从深层次的认知来看,更是源于当地人认为"海"和"湖"没有太大的区别,海也是有边界的。从这个认知的

角度看,这时的"海"就不是斥量的,可以说"一片海""一片大海",如:

(1) 浣熊街这幢五层楼高的褐绿色公寓跟牵牛星街的公寓之间隔着一片海,遥遥相对。(张小娴《交换星夜的女孩》)

(2) 田园里还有肥嫩的杞子脑,鲜红的覆盆子,紫云英开着小花,望去像一片海——绿色的和紫色的海。(刘纳编《唐弢散文选集》,1995年百花文艺出版社,27页)

(3) 绞刑堡的围墙外是一片大海,一直延伸到寇易海湾,这一片海很宽,通向锡兰岛海岸。[安徒生著,林桦译《安徒生童话故事全集(新译本)》,1995年,136页]

(4) 广西拥有一片海,大陆海岸线长1595公里,这里的海底平坦……(《1994年报刊精选》09)

(5) 秋夜,有时沉静得像一湖清水,有时动荡得像一片大海。(冯至《伍子胥——从城父到吴市》,选自穆时英《上海的狐步舞》)

上面4例"一片海"、1例"一片大海"表明,认知的变化引起斥量名词"海""大海"被量化。

二、隐喻引起斥量性的变化

乔治·莱考夫(2015:1)在《我们赖以生存的隐喻》中指出:"不论是在语言上还是在思想和行动中,日常生活中隐喻无所不在,我们思想和行为所依据的概念系统本身是以隐喻为基础。""我们的概念系统大部分是隐喻——如果我们说的没错的话,那么我们的思维方式,我们每天所经历所做的一切就充满了隐喻。"

乔治·莱考夫(2015:3)又称:"隐喻不仅仅是语言的事情,也就是说,不单是词语的事。相反,我们认为人类的思维过程在很大程度上是隐喻性的。我们所说的人类的概念系统是通过隐喻来构成和界定的，就是这个意思。隐喻能以语言形式表达出来，正是由于人的概念系统中存在隐喻。因此，这本书中所提到的所有隐喻，比如争论是战争这些例子，都应理解为是指隐喻性概念(metaphorical concept)。"

乔治·莱考夫(2015:24)还论述道："事物还不是完全离散或者有界限时，我们依然能够对它们进行归类，比如山脉、街角、树篱等。这种看待物理现象的方式满足了我们某些特定目的，比如定位山脉，在街角碰面，修剪树篱。我们的目的通常要求我们设置一个人为的界限，以使物理现象一如我们自己一样成为离散的个体，即由一个表面所界定的实体。"

正如人类空间方位的基本经验产生了方位隐喻，我们对自然物体(特别是我们的身体)的经验为非常多样的本体隐喻提供了基础，也就是提供了把事件、活动、情感、想法等看成实体和物质的方式。

本体隐喻(ontological metaphors)用于各种目的，多样化的隐喻反映出其多样化的目的。以价格上涨的经验为例，从隐喻的角度上涨的价格也可以经由名词"通货膨胀"看成一个实体。这给我们提供了一个指称这种经验的办法：

通货膨胀在降低我们的生活水平。

如果通货膨胀继续下去，我们就活不下去了。

我们需要与通货膨胀做斗争。

通货膨胀把我们逼入死角。

通货膨胀给购物和加油造成了恶果。

置地是解决通货膨胀的最佳办法。

通货膨胀让我很气愤。

在这些例子中，把通货膨胀看成一种实体，让我们可以指称它，量化它，识别它的特殊方面，把它看成一个原因，对它采取相应行动,甚至可能认为我们理解它。

乔治·莱考夫(2015:24)同时指出,我们使用的本体隐喻范围非常广,如:

指称(referring)、量化(quantifying)、识别方面(identifying aspects)、识别原因(identifying causes)、树立目标、激发行动(setting goals and motivating actions)。

由乔治·莱考夫的例子可以看出,我们可以把事件、活动、情感、想法等抽象的概念通过本体隐喻看成实体和物质。一旦把抽象的概念隐喻成实体和物质,抽象的概念就可以用来指称、量化和识别等。

如含特定义的斥量名词"心胸",是用人们身体的器官为本体隐喻抽象的概念"胸怀""气量",这样就使得抽象概念"胸怀""气量"变得可以被指称、可以被量化。如:

(6) 剥开几个放进嘴里,一种特别的感受立时充盈整个心胸。(《河北日报》1992年3月7日,国家语委语料库)

(7) 所剩下的一个好,却在他心里生根,发芽,滋长,直到占据他整个心胸。(王益山《潮汛》,选自《江南》,国家语委语料库)

三、我们的词类观

从前面第二章的分析可以看出,斥量名词从词义特征上大致可以分为如下三类:含数量义的斥量名词、含属性义的斥量名词、含特定义的斥量名词(特定义包括隐喻义、色彩义、单一义、程度义等)。

含数量义的斥量名词,如:"四肢""五官""列强""大局""公众"等。

含属性义的斥量名词,如:"差额""体重""容量""数额""幅度"等。

含特定义的斥量名词,如:
隐喻义:风尘、肝胆、心胸
色彩义:败绩、福音、国魂
单一义:苍穹、原址、初衷
程度义:安危、本末、粗细

朱德熙先生(1982:41,192)指出,名词的语法特点是:一、可以受数量词修饰,例如"一支笔""三本书""几件事""一种风气";二、不受副词修饰,例如"很勇气(比较:很勇敢)""早战争(比较:早打仗)""不青年(比较:不年轻)"。

袁毓林(1995:156)指出,朱先生所说的名词是一个比较纯净的类,已经把时间词、处所词和方位词排除在外了。那么能不能用上面两个关于名词的语法特点作为划定名词范围的标准呢?事实上是很困难的。撇开"皮肤""体育"等零星的一般名词不受数量词修饰不说,整个专有名词这一小类在一般情况下就不受数量词修饰。因此我们不能说名词是能受数量词修饰而不受副词修饰的一类词。

袁毓林(1995:154)指出汉语词类是一种原型范畴,是人们根据词与词之间在分布上的家族相似性而聚集成类的。同一词类的词不一定共有一项/组为其他词类所无的分布特征,因而无法用几项分布特征之间的合取/析取关系作为标准来给所有的词分类和给不同的词类下定义。他指出,属于同一词类的词有典型成员和非典型成员之别,典型成员是一类词的原型,是非典型成员归类时的参照标准。其典型成员在分布上往往共有一组分布特征,可以通过典型成员的分布特征来给词分类和给不同的词类下定义。但是,不同词类的典型成员在分布上的差别比较明显,不同词类的非典型成员在分布上的差别比较模糊,这造成了汉语的词可以分类但又难以分类的复杂局面。

我们就以袁毓林(1995:156)提到的"不受数量词修饰"的"皮肤""体育"为例进行说明。

首先需要说明的是,"皮肤"并不是完全不能受数量短语直接修饰,因为可以说"一块皮肤""一片皮肤""每一寸皮肤"等。下面列举的是我们选取的语料库中"皮肤"受数量短语直接修饰的部分例句。

(8) 医生从潘平身上取下一段肋骨作鼻架,然后从她额头上取下一块皮肤做鼻子……(朱幸福、杨岩松《目击美国这八年:中国资深记者在美见闻与采风》,618页)

(9) 只有肘窝正中还有铜钱大的一块皮肤,保持着少妇应有的光泽。(毕淑敏《预约死亡》)

(10) 她撕、她咬、她挣、她跳,她用身体的每一个部位和每一块皮肤每一个细胞在和那恐怖的弹力十足的口袋决战。(张承志《金牧场》,选自国家语委语料库)

(11) 如果一块皮肤离开了人的身体而还没有死去,它还同样会被太阳晒黑。(嵇鸿《神秘的小坦克》,选自《科学文艺作品选》,国家语委语料库)

(12) 但从这样的女性采取很小很小的一片皮肤,用胰蛋白酶处理,把细胞分散开来,进行单个细胞培养,然后用电脉法检查。(刘祖洞《遗传学》,选自国家语委语料库)

(13) 让无香无臭的浓密枝叶从头到脚擦拂过我们的每一寸皮肤,被擦拂过的肢体毛孔便完全张开了。(张大春《四喜忧国》)

虽然语料库中"体育"受数量短语直接修饰的情况更少见,但不是完全没有。如:

(14) 只是偶尔有那么一两个爱冒险的小伙子,在假日之余,还重温这种需要高度技巧和胆略的技术,当作是一种体育,一种游戏。(郑文光《鲨鱼侦察兵》,选自《少年科学》,国家语委

语料库)

(15) 还有哪一项体育比得上足球如此折磨人生与人心的呢?[肖复兴《悲剧足球》,选自《读者(合订本)》总第 144 期]

从以上几个例句可以看出,"皮肤""体育"并非学界认为的不能受数量短语修饰,只是与普通名词相比,较为排斥数量短语的直接修饰,或者说不太需要数量短语的直接修饰。

我们认同并接受朱德熙先生(1982)和袁毓林先生(1995)的词类观,但是通过我们认真观察和分析排斥受数量短语修饰的斥量名词以后,我们逐渐对上述词类观进行了修正。

(一) 名词排斥数量修饰与强制数量修饰相对

普通名词进入"数+量+名"结构时,名词前面的数量短语往往具有强制性,斥量名词进入"数+量+名"结构时对前面的数量短语却具有一定的排斥性。这种排斥性表现在两个方面:

第一,绝对排斥,即有些斥量名词完全不受数量短语直接修饰。

第二,相对排斥:

(1) 量词受限,限于"种""类""项"或"块""片"等。

(2) 数词受限,常常限用"一"。

(3) 量词不能重叠表遍指。

上述两种情况即第一章第二节的"绝对斥量名词"和"相对斥量名词"之分。

从前面第四章的分析可以看出,斥量名词的数量特征主要包括蕴含[+唯一量]、蕴含[+精确量]、蕴含[-精确量]、蕴含[±精确量]、蕴含特定义(特定义包括隐喻义、色彩义、单一义、程度义等)五种。

一般情况下,越是蕴含确定数量义(包括[+唯一量][+精确量]等显性数量义和特定义中的隐性单一义)的名词,越是排斥数量短语的直接修饰。

(二) 词类成员逐步过渡

对名词的词类成员不能进行简单的"典型成员和非典型成员"二分法式的划分,词类成员是从典型成员到非典型成员的一种逐步过渡。

名词是从强制搭配数量短语,到排斥数量短语,最后到完全不能搭配数量短语的一种逐步过渡,不是截然分明的"普通名词和斥量名词"两种类型。

(三) 处于两个极端的名词数量最多

根据后文第七章中的《斥量名词的定量统计分析》,我们将不计入时间词、处所词和方位词的名词称为"狭义名词",将计入时间词、处所词和方位词的名词称为"广义名词"。我们选取了具有代表性的、规模较小的词汇表,在相对封闭的词库《HSK考试大纲(1—6级)词汇表》和《斯瓦迪士核心词列表》中,对斥量名词进行了穷尽式的统计和分析。

统计结果显示:斥量名词占狭义名词总数的 18.73%,占广义名词总数的 20.27%;斥量名词在核心词表的名词中占比为 11.11%。

统计数据说明两个问题:首先,排斥数量短语修饰的名词不是零星的。其次,我们也不能笼统地说名词是能受数量词修饰而不受副词修饰的一类词。

王惠、朱学峰(2000)将 27 397 个名词与数百个量词的搭配能力逐一描述,根据名词与不同类型量词的搭配关系提出了一套具有较好的一致性与可操作性的名词子类划分方法。他们还对各个子类所占的比例及其多方面的语法功能进行了定量分析,最后发现在 27 397 个名词中无量名词占 5 205 个,比重竟达到了 19%,在数量上仅次于个体名词而位居第二。

强制搭配数量的普通名词中有专用量词的个体名词的数量位居第一,排斥搭配数量的斥量名词在数量上位居第二,处于名词阵营两个极端的名词次类数量最多。

第二节 斥量名词与普通名词的对立

一、斥量名词不会发展出普通名词的用法

温锁林(2018:71-72)认为由"非量化名词"的用法首先发展出了抽象名词的用法,再由抽象名词的用法发展出个体名词的用法。由非量化名词的用法首先发展出了抽象名词的用法,其理由是 100 个左右的非量化名词可以受"种""类"等种类量词修饰,30 多个可以受"一点""一些"等不定量词修饰,如"一种天意""一种善意""一些大意""一些勾当""一些公众""一些后人"等等。由抽象名词的用法发展出个体名词的用法,其给出的例子是"一寸长度""一两米长度""一块地面""一块大地""一位祖辈""一位爱人"等。

对这种观点我们持怀疑态度,原因如下:

第一,斥量名词与抽象名词不同。

"抽象"和"具体"是相对的概念,是从名词所指称的事物的意义的角度出发得出的概念。"斥量(非量化)"和"强制数量(可量化)"是相对的概念,是从名词的语法功能的角度出发得出的概念。这是两组在不同标准下得出的分类结果,斥量名词所指称的概念一般都是抽象的,不能因为斥量名词前面受数量短语"一种""一些"和"一块""一位"的修饰就认定具备了抽象名词、

个体名词的用法。

第二,受种类量词修饰非抽象名词独有的特征。

受"种""类"等种类量词修饰不是抽象名词独有的特征,其他普通名词也可以受种类量词修饰,如:

1. 一种眼镜|一种产品|一种元素|一种玻璃|一种显微镜

2. 一种牛奶|一种药物|一种病|一种粗砂|一种深井水

3. 一种理论|一种感情|一种态度|一种意见|一种灾难|一种精神

4. 一种理想|一种风气|一种气质|一种享受|一种亲切感|一种美感

之所以粗略地分成了四类,是因为:

第 1 类中的名词一般是有界名词,多为传统意义上所指的个体名词,数量短语中的数词完全不受限制。

第 2 类中的名词一般是无界名词,包括传统意义上所指的物质名词和抽象名词,数量短语中的数词一般也不受限制。

第 3 类中的名词和第 4 类中的名词都是传统意义上所指的抽象名词,但第 3 类构成的数量短语中的数词受到一定的限制,不太能被数目更大的数词自由替换,偶尔可以说"两种理论""两种意见""两种感情"等。

第 4 类构成的数量短语中数词往往限用"一"。

如果我们也据此推论这些名词也具有了个体名词、物质名词的用法,显然是错误的。

第三,数词是否受限。

个体名词、物质名词、抽象名词被数量短语修饰时,其中的数词一般不太受到限制,可以被其他数词自由替换。但在斥量名词(非量化名词)构成的数量名结构中,数词常常限用"一"。

第四,量词可否重叠。

个体名词被数量短语修饰时,量词一般可以重叠表遍指。如:

一块砖头│一块块砖头

一块抹布│一块块抹布

但上述的"一种天意""一种善意""一些勾当""一些公众""一些后人""一块地面""一块大地""一位祖辈""一位爱人"等均不能重叠表遍指。

第五,"一寸长度""一两米长度"可视作"的"字的省略。

"一寸长度""一两米长度"这种表达很显然可以视作"一寸的长度、一两米的长度"中"的"字的省略,且"一寸的长度""一两米的长度"较之"一寸长度""一两米长度"更自由。

第六,构成的数量名结构功能不同。

更为重要的一点是,"一寸长度""一两米长度"结构与普通名词构成的"数+量+名"结构相比,整个结构所表示的语法意义完全不同,构成的结构功能也不同,下文单独详述。

第七,斥量名词的斥量是相对的。

我们说斥量名词排斥数量,并不是说斥量名词绝对不能与任何数量短语搭配。"一块地面""一块大地""一位祖辈""一位爱人"等恰恰反映了斥量名词偶尔可受数量短语直接修饰。但这样的例子有的不太符合我们的语感,如"一位祖辈";有的是在语料库中也很难检索到相应的例句,如"一块地面"在国家语委语料库中仅有一例。

(16) 推土机张着大嘴巴,把一块地面上的草地、菜畦、灌木一股脑地推走,打桩机整天咚咚咚地敲着地面。(袁静《死里逃生的小鲤哥》,选自《科学童话选》续集,国家语委语料库)

第八,名词的斥量与使用频率无关。

一个名词的斥量与否,不会因为词语本身使用频率的多少而变化。

从上述几点可以看出,斥量名词被数量短语修饰是受到诸多限制的,也是不自由的,正是因为这些限制与不自由,我们才把这类名词统称为斥量名词,与强制搭配数量短语的普通名词相比恰恰显示出其对数量短语的排斥性。所以,在某种意义上说,斥量名词与普通名词是对立的,斥量名词不会发展出抽象名词的用法,更不会发展出个体名词的用法。

二、斥量名词与普通名词构成的数量名结构功能不同

普通名词一般必须受数量短语修饰构成数量名结构,斥量名词偶尔可以受数量短语修饰构成数量名结构,但两种"数＋量＋名"结构的语法意义和语法功能完全不同。我们分别举例予以说明。

1. 数＋个体/容器量词＋普通名词,如:

一把椅子　两盏灯　三辆车　四杯牛奶

2. 数＋度量衡量词＋普通名词,如:

一升水　两百斤苹果　三吨沙子

3. 数量＋(的)＋斥量名词,如:

一寸(的)长度　一米八(的)身高

四十度的高温　八百元的差额

第1类名词所构成的"数＋量＋名"结构是对名词所指称的事物进行计数,结构中常为数词,且数词随着所指称事物数量的变化可以自由变化。数量短语与名词之间是修饰、限制的关系。

第2类名词所构成的"数＋量＋名"结构是对名词所指称的事物的称量,结构中常为数词,数词随着事物数量的变化可以自由变化。数量短语与名词之间也是修饰、限制的关系。

第3类名词所构成的是"数量＋(的)＋名"的结构,不但结

构与前面两种普通名词所构成的数量名结构有所不同,而且结构的功能也不同:既非计数也非称量,结构中一般不能是单独的数词而是"数词+度量衡量词",结构的功能是对"长度、身高、高温、差额"等斥量名词所蕴含的属性义的凸显。数量短语与名词之间不是修饰和限制的关系,而是一种描述关系。可列表如下。

表 6-1　普通名词与斥量名词构成的数量名结构的区别

结构类型	结构的功能	"数"的不同	数量与名之间的关系
数+个体/容器量词+普通名词	计数的功能	数词	修饰限制关系
数+度量衡量词+普通名词	称量的功能	数词	修饰限制关系
数量+(的)+斥量名词	凸显属性义	数词+度量衡量词	描述关系

第三节　从斥量名词看名量关系

一、依据名量关系给名词分类的尝试

汉语的名量关系相当复杂,很难说清楚两者之间的关系,但名量之间又相互依存、密不可分。所以除《马氏文通》外,学者们都无一例外地选择了依据与量词的关系给名词分类。

《马氏文通》将实字分为名字、代字、动字、状字等几种,又将名字分为公名和本名两类,公名分为群名、通名。

黎锦熙(1998:81-86)在《新著国语文法》第六章《名词细目》中将名词分为特有名词、普通名词、抽象名词三类。

其中普通名词依据"添加量词的关系"又分成三种:

表个体的:有形可指、有数可数的物体之名称。如"人""鸟"

"花""树""杯子"等。

表质料的：一切物质和材料的名称，虽有形可指，但本身无数可数。如"水""油""面粉""布""米""木材""空气"等。

表集合的：聚多数个体而成的集合体之名称；虽然有数可数，但不一定都有形可指。如"家""国""社会""军队""马匹""森林"等。

其中抽象名词是无形可定、无数可数的事物之名称。不指某物之实在的体质，而抽象出它的性、象或功用，成为一种事体的名称，所以叫作抽象。又可分为三种：

无形的名物。如"道德""精神"等。

事物的性质和状态。如"困难""苦""聪明"等。

人事的动作。如"战争""合作""思想"等。

朱德熙(2004:41)根据名词与量词的关系将名词分为五类：

可数名词：有自己适用的个体量词。如："书(本)""灯(盏)""笔(枝)""马(匹)""商店(家)"。

不可数名词：没有适用的个体量词。如："水""酒""土""面粉""肉""布"。这类名词可以选择三类量词。分别是：表度量衡单位的量词。如："一尺布""一斤肉"。由名词转化成的量词。如："一桶水""一袋面粉"。不定量词"点儿"和"些"。如："一点儿水""一些药"。

集合名词：前头也不能加个体量词。如："父母""子女""师生""亲友""衣物""军火"。只能用表群体的量词或不定量词。如："一部分师生""一批军火""一些亲友"。

抽象名词：前头只能加"种""类""点儿""些"或"次""回""遍""顿""趟"等动量词的名词。如："一种礼节""一种道德""一种风气""一种观念""一场祸""一点儿恩情"。

朱德熙先生将量词分为个体量词、集合量词、度量词、不定量词、临时量词、准量词、动量词七类。

在谈到个体量词时,他说,名词和跟它相配的个体量词之间有的时候在意义上有某种联系,例如细长的东西论"枝",有延展的平面的东西论"张",小而圆的东西论"颗",有把儿的东西论"把"。但这只是少数情况,一般说来,什么词用什么量词是约定俗成的,应该在词典里标注出来。

赵元任(2002:517)按照跟名词合用的定-量式复合词的性质,把名词分成个体名词、物质名词、集体名词、抽象名词。

由以上可见,黎锦熙先生依据"添加量词的关系"给名词分类,朱德熙先生依据名量关系给名词分类,赵元任先生依据名词前合用的定-量式复合词给名词分类。但是大家对这种排斥数量短语直接修饰的斥量名词忽略不计。而我们认为从排斥数量短语的斥量名词观察名量关系更能清楚地看出名量之间的关系。

二、从斥量名词看数量名结构的功能

赵元任(2002:563)在《中国话的文法》《量词》一节中提到:单位词或个体量词也称为"数词附属语"(numeratives 或 numerary adjuncts),因为除了文言以外,数词不能直接修饰名词(比如文言说"一马",不说"一匹马"),而中间一定得加上单位词,表示名词的形状、种类或某种性质。每一个个体名词都有自己的单位词,比如:"一棵树""两把刀""三头牛"。

从赵元任先生这段话可以看出,他认为现代汉语的量词粘附于数词,数词修饰名词中间一定要加上量词,在数量名结构中量词对名词的作用主要体现在三个方面,即表示名词的形状、种类或性质。

戴浩一(1990)指出,汉语中的名词都是指物质的,语义不可数。要计数一定要把物质量化或离散成类似物体的个体才可数,量词正是起到个化前一个名词所指的作用。

邵敬敏(1993)认为,个体量词与名词组合时,名词处于主导制约地位,其语义决定了个体量词的选择。在汉语个体量词中,一个名词可以由若干个量词供其选择,一个量词也可以由若干个名词与之搭配,从而形成了"双向选择组合网络"。邵敬敏(2000:39)再一次指出,名词与量词组合时,名词总是处于主导的制约地位,它的存在决定了对量词的选择。

张启睿、刘友谊(2011)指出,研究者普遍认为,个体量词在认知加工中的作用主要体现在对名词的分类上。量词在认知加工中对名词起到分类限制作用。除了个体量词在认知加工中对名词的分类限制作用外,个体量词的分类作用还体现在相似性判断上。关于现代汉语中量词的功能,一般认为有以下三类:计数功能(quantifier)、分类功能(classifier)和个体化功能(individualizer)。

通过前面几章我们对斥量名词的分析,我们可以将视角放在排斥数量短语修饰的名词身上,反观普通名词构成的"数+量+名"结构的功能。

根据名词所指称的事物维度的不同,我们前面将名词分为四个维度次类:三维名词、二维名词、一维名词和零维名词。依次举例如下:

桌子	椅子	灯	电脑	杯子	房子	树
被子	马路	树叶	红旗	毛巾	镜子	田	地
身高	长度	高度	体重	体积	温度	落差
水	牛奶	沙子	石油	思想	意志	集体
五官	群众

从认知的视角分析,三维名词如"桌子"所指一般为具有三维空间的个体,常常可以说出桌子的长度、宽度和高度。三维名

词所指的为三维的个体,即黎锦熙先生所说的"有形可指、有数可数的物体之名称"。

二维名词如"被子",尽管客观事物本身仍然是具有长、宽、高度的三维物体,但人们在视觉效果上通常较关心被子的长度和宽度,除特殊情况外对被子的厚度一般忽略不计,所以我们认为认知作用后的名词"被子"是二维的。二维名词所指称的为具有二维的平面,这也属于黎锦熙先生所说的"有形可指、有数可数的物体之名称"。

一维名词如"身高"所指一般为一维的量度的大小,"身高""长度"等为一维的量的大小,比较容易理解,而"重量""体积""温度"等也可以借助杆秤的刻度、磅秤的刻度、量杯的刻度、温度计的刻度转化为一维的量。这类一维名词我们一般称之为度量类斥量名词。

A类零维名词如"水""牛奶""空气""天然气""石油"等所指一般为自然界的某种物质,即黎锦熙先生所说的"一切物质和材料的名称,有形可指但无数可数"的名词。物质本来较为抽象,但有一些物质因与人们的日常生活息息相关,所以在心理上便不觉得它们有多抽象。

B类零维名词如"思想""意志"等一般为非实体的抽象概念,即黎锦熙先生所指的"无形可定、无数可数的事物之名称"。

A类零维名词搭配度量衡量词和容器量词时数词不受限制。搭配"种"时,数词受到限制,限用"一""几"等。搭配"点""些",数词限用"一"。

B类零维名词搭配"种"或"个",数词受到限制,限用"一""几"等。

C类零维名词不能构成"数+量+名"结构,但词语蕴含数字语素或广义的量化语素,或者在认知上很难量化或离散成类似物体的个体。

一维名词与 C 类零维名词一般排斥与常见的量词搭配使用,这就是我们所称的"斥量名词",而与之相对应的三维名词、二维名词以及 A 类、B 类零维名词可以统称为普通名词。

下面我们分别来看各种语义维度不同的名词所构成的"数+量+名"结构的功能有何差异。

(一) 计数(量)功能

1. "数+专用量词+三维名词"计数(量)功能

三维名词构成的"数+专用量词+三维名词"结构,是对"有形可指、有数可数"三维空间的个体进行精确计数(量)。如:

一张桌子|两把椅子|三盏灯|四台电脑|五个杯子

六栋房子|七棵树

2. "数+形状量词+二维名词"计数(量)功能

二维名词构成的"数+形状量词+二维名词"结构是对"有形可指、有数可数"的二维平面的物体进行精确计量。如:

一条被子|两条马路|三片树叶|四面红旗|五条毛巾

六面镜子|七块田

3. "数+容器/度量衡量词+A 类零维名词"计数(量)功能

(1) "数+容器/度量衡量词+A 类零维名词"精确计数(量)

A 类零维名词可搭配度量衡量词和容器量词构成"数+容器/度量衡量词+A 类零维名词"结构,是对物质的精确计量。

① 搭配容器量词计数。如:

一杯水|两瓶牛奶|三(氧气)瓶空气|四罐天然气

五桶石油|六袋塑料

② 搭配度量衡量词计(数)量。如：

一升水｜两品脱牛奶｜三立方米空气｜五立方米天然气

六吨石油｜七公斤塑料

(2) "数词＋点/些＋A类零维名词"模糊计量

A类零维名词搭配"点/些"构成"数＋量＋名"结构，是对物质的模糊计量，故不能重复计量，数词限用。如：

一点水｜一些牛奶｜一些空气｜一些天然气

一点石油｜一些塑料

(二) 分类功能

B类零维名词构成的"数词＋种类量词＋B类零维名词"结构，主要起到对抽象概念的分类作用，数词往往受限。如：

一种思想、一类思想、一种意志、一种道德、两个集体

数词之所以受到限制，是因为我们对事物进行精确计量时可以重复计量，数词不受限制。但对事物进行模糊计量和对物质或概念进行分类时，不能重复计量，所以数词往往受限。

(三) 凸显属性功能

一维名词词语本身蕴含量度的属性义，虽然不可像前面的三维名词、二维名词和A类零维名词一样构成"数＋量＋名"结构进行计数(量)，但可以构成"数＋度量衡量词＋的＋一维名词"结构凸显其词语内部蕴含的属性义。如：

一米八的身高｜一寸的长度｜三十米的高度

五十公斤的体重｜一百立方米的体积｜四十摄氏度的温度

一千米的落差

(四) 不可量化或离散性

C类零维名词斥量，不能构成"数＋量＋名"结构，一般有两种原因：

其一是词语蕴含数字语素或广义的量化语素。如"四肢""五官""列强""群众""大众"等。

其二是名词所指称的概念在认知上很难量化或离散成类似物体的个体。如"国魂""笔锋""风尘""心胸"等。

综上所述,汉语"数＋量＋名"结构的功能可以分为三类:计数(量)功能、分类功能、凸显属性义功能。

能进入计数(量)功能、分类功能的"数＋量＋名"结构的名词我们统称为普通名词,与之相对的是凸显属性功能和排斥构成"数＋量＋名"结构的名词,我们统称为斥量名词。

换言之,普通名词能进入"数＋量＋名"结构,"数＋量＋名"结构对普通名词的作用是计数(量)和分类。斥量名词分两种情况,一种是不能进入"数＋量＋名"结构,一种是虽能进入"数＋量＋名"结构,但不是计数(量)和分类,而是凸显属性义。

三、兼论泛用量词"个"的计数分类功能

泛用量词"个"用途较为广泛,在汉语作为第二语言教学时是初级阶段留学生汉语学习的难点,何时可以使用,何时不能使用,较难把握。我们此处暂且简略谈一谈。

三维名词、二维名词、B类零维名词可以与泛用量词"个"搭配使用。但三者构成的结构功能不同。

(一) 泛用量词"个"的计数功能

1. 三维名词构成的"数＋专用量词＋三维名词"结构,一般可以用泛用量词"个"。如:

一个桌子|两个椅子|三个灯|四个电脑|五个杯子

六个房子|七个树

2. 二维名词构成的"数＋形状量词＋二维名词"结构,一般

都可以使用泛用量词"个"。如：

一个被子│两个马路│三个树叶│四个红旗

五个毛巾│六个镜子

(二) 泛用量词"个"的分类功能

B类零维名词构成的"数＋种类量词＋B类零维名词"结构,是对抽象概念的分类,这时的量词可以替换为泛用量词"个"。如"一个思想""一个意志""一个道德""两个集体"等。

(三) 不能使用泛用量词"个"的认知解释

一维名词、A类零维名词、C类零维名词一般不能与泛用量词"个"搭配。

1. 一维名词不能搭配泛用量词"个"

一维名词词语本身蕴含量度的属性义,虽然不可像前面的三维名词、二维名词和A类零维名词一样构成"数＋量＋名"结构进行计数(量),但可以构成"数＋度量衡量词＋一维名词"结构凸显其词语内部蕴含的属性义。如：

一米八的身高│一寸的长度│三十米的高度

五十公斤的体重│一百立方米的体积

四十摄氏度的温度│一千米的落差

2. A类零维名词两种情况不能搭配泛用量词"个"

(1) A类零维名词搭配度量衡量词计(数)量。如：

一升水│两品脱牛奶│三立方米空气│五立方米天然气

六吨石油│七公斤塑料

此时由于使用这种数量名结构为计量而非计数,与使用泛用量词"个"对事物进行个化相矛盾,故而不能使用"个"。

(2) "数词＋点/些＋A类零维名词"模糊计量

A类零维名词搭配"点、些"构成"数＋量＋名"结构,是对物

质的模糊计量,故不能重复计量,数词限用。如:

一点水|一些牛奶|一些空气|一些天然气

一点石油|一些塑料

此时由于使用这种数量名结构同样为计量而非计数,与使用泛用量词"个"对事物进行个化相矛盾,故而不能使用"个"。

3. C类零维名词排斥数量短语直接修饰,一般不搭配泛用量词"个"

从认知的角度看,个体的物体是有界的,可以直接被量化、被计数。但要对无界的物质进行计数,正如戴浩一(1990)所说,要计数物质一定要把物质量化或离散成类似物体的个体才可计数。要计数抽象的概念也是如此,人们必须利用语言中的隐喻将抽象的概念隐喻为类似个体的物体才能分类。

有界的物体可以直接个化,无界的物质经过容器或度量衡的离散可以个化,抽象的概念经过认知的隐喻可以分类,进而也可以个化。所指不能离散的名词(斥量名词)一般不能使用泛用量词"个"加以个化。

第七章 斥量名词的定量分布研究

第一节 斥量名词定量研究说明

一、前人对斥量名词的计量研究

如前文所述,前人对斥量名词从语法功能、内部结构、语义类别等都做过一些比较认真细致的分析,取得了不少成果。但是所有这些研究成果多属于定性分析,对斥量名词进行定量分析的研究成果目前还比较少见,这方面目前仅有的是王惠、朱学峰(2000)在《现代汉语名词的子类划分及定量研究》一文中对名词的定量分析。

王惠、朱学峰(2000)在该文中提到:"通过对 27 397 个名词的实际考察,我们发现有一些普通名词根本不能受任何数量词(不包括指量结构)修饰。而且这些词竟占整个名词的 19.0%,六分之一还强。"该文还对包括斥量名词在内的各类名词的语法功能进行了计量分析。王惠、朱学峰(2000)的研究,根据的是《现代汉语语法信息词典》中的收词,该词典是一部计算机信息处理用电子词典,目前市面上无法见到。我们根据王惠、朱学峰(1994)的说明得知,这是一部收词在 6 万个左右的现代汉语词典。由此,我们得知,在 6 万词规模的现代汉语词库中,斥量名词的数量大约占到整个名词总量的 19.0%。

根据《现代汉语词典》第 5 版、第 6 版和第 7 版的说明,该词典第 6 版"共收条目 69 000 余条",第 7 版"增收近几年涌现的新词语400多条"。《现代汉语词典》的收词"基本上反映了目前现代汉语词汇的面貌"。

而在2008年出版的《现代汉语常用词表》中,词表收词约56 008个。综合《现代汉语词典》和《现代汉语常用词表》这两种材料,我们可以说,现代汉语总的词库规模在5万—7万之间。因此,我们认为王惠、朱学峰在6万词基础上做出的统计结果可以被近似地看作建立在一个可以比较全面反映现代汉语常用词总词量的词库基础上。

王惠、朱学峰(2000)的研究虽然反映了斥量名词在现代汉语常用词词库中的占比情况,但从计量分析的角度看,这种分析实际上只反映了斥量名词在现代汉语词库中占比的概略情况,无法反映斥量名词在核心词汇、基础词汇中的占比情况。因此,我们有必要对斥量名词在核心词汇和基础词汇中所占的比例进行研究,以期考察得出到底斥量名词是否属于学界一直认为的边缘名词、不典型名词的阵营。

根据普通语言学理论,一种语言的基础词汇的词库规模虽然比较小,但它构成了该语言词汇的骨干。而我们知道,可受数量短语修饰是汉语名词的基本语法特点之一,也是汉语名词较为典型的句法特点之一。因此,我们似乎可以假设:在相对较小的、基础性较强的词库里,斥量名词在全部名词中的占比应该会比较小;而在一般词汇占比较大的词库里,斥量名词的占比则会上升。我们想通过对斥量名词在不同词汇表中的占比的定量分析来验证这一假设是否正确。

二、斥量名词定量研究所选用的词表

(一)《斯瓦迪士核心词列表》

有鉴于此,我们决定选取具有代表性的、规模较小的词汇表,在相对封闭的、小规模的词库中,对斥量名词的分布进行穷尽式的统计和分析,并在此基础上对斥量名词进行较为细致的计量分析,以此来验证上述假设是否成立,最后得出斥量名词在名词核心词汇和基础词汇中的占比情况。

要对现代汉语的基础词汇进行定量分析首先需要找到一份现代汉语基础词汇的词汇表,但遗憾的是目前学界实际上缺乏对现代汉语基础词汇的专题研究成果,也没有相应的词汇表发表。因此我们只能选择具有一定权威性和代表性的小规模词表作为替代品,以此来观察在现代汉语基础性较强的词汇中斥量名词的占比和分布情况。

我们首先选中的是由美国语言学家莫里斯·斯瓦迪士编写的《斯瓦迪士核心词列表》(Swadesh list),此词表自发表数十年来在语言调查描写领域应用广泛,具有一定的权威性。这份词表包含大约 200 个词语,斯瓦迪士认为该表有两个基本特点:第一,这些词是各种语言都具备的。第二,掌握这些词就可以利用这种语言进行最基本的交流。

因此,我们可以认为这份《斯瓦迪士核心词列表》里的词属于基本词汇范围的。

但是,这个词表也存在着两个问题:

第一,它是以印欧语为基础设计的,有些内容对汉语未必合适。比如词表的动词里列出了 hunt 一词,可是在汉语里,我们很难说"打猎"属于基础词汇,更不用说属于核心词汇了。所以我们认为,所谓的基础词汇和核心词汇,不可避免地与操该种语言的人群的日常生活环境密切相关。

第二,这个词表只包含 200 余词,固然里面的绝大多数词都是基础词汇,但总量还是略微嫌少。我们只能说《斯瓦迪士核心词列表》的 200 余词属于基础词汇中最核心的那部分词语。

所以，我们还应该继续寻找比《斯瓦迪士核心词列表》词语数量更多一些的词表进行定量分析，并将统计分析的结果与这份词表的分析结果进行相互参照，以期得出一个较为可信的数据和结论。

(二)《HSK 考试大纲(1—6 级)词汇表》

我们选中的另外一种材料是国家汉办暨孔子学院总部编制的《HSK 考试大纲(1—6 级)词汇表》(以下简称《词汇表》)。根据《HSK 考试大纲》的介绍："汉语水平考试是一项国际标准化考试，重点考查汉语非第一语言的考生在生活、学习和工作中运用汉语进行交际的能力。"该大纲自 20 世纪 90 年代推出以来，在对外汉语教学界广泛使用，其间经过 2009 年、2015 年两次修订，目前逐渐完善。大纲所附的 5 000 词词汇表是经过实践检验的、具有较大权威性的中小规模的现代汉语词汇表。

因此，我们决定选用《HSK 考试大纲(1—6 级)词汇表》来观察和研究基础词汇中斥量名词的占比情况。我们认为选用该词汇表有两个优势，同时也存在着两个劣势。

1. 两个优势

(1)《词汇表》囊括了现代汉语基础词汇

按照《HSK 考试大纲》的说法，HSK 六级 5 000 词的词汇量"可以支持一个非母语者用现代汉语自如地进行各种社会交际活动，汉语应用水平接近汉语为母语者"。也就是说，现代汉语的基础词汇应该基本都包含在这 5 000 词里，几乎没有遗漏，词汇表基本囊括了现代汉语的基础词汇。

(2) 利用《词汇表》可分级考察斥量名词分布情况

《词汇表》是一个从 1 级到 6 级的分级词汇表，通过分析和研究这个词汇表，我们可以观察 150 词、300 词、600 词、1 200

词、2 500 词、5 000 词等不同词汇量以及低、中、高阶段不同常用度及难易度的词汇中斥量名词的分布和表现情况。

2. 两个劣势

(1)《词汇表》包含了一般词汇

该表共收现代汉语词语约 5 000 个,现代汉语基础词汇的词汇量不可能有这么大,这其中一定包含了汉语中比较常用的一般词汇。这对我们分析斥量名词在基础词汇中的占比情况是个很大的干扰,也是个非常不利的因素。

(2)《词汇表》包含了特殊词汇

该表毕竟主要面向的是母语为非汉语的跨国汉语学习者且主要为教学服务。因此,它不可避免地包含了一些针对该群体和用途的词汇,比如在 1 级词汇表的 150 个词语中就包含了"北京"这样的词语,而类似这样的词语无论如何也不应该属于现代汉语中的核心词。

综合以上分析,我们在利用《斯瓦迪士核心词列表》和《HSK 考试大纲(1—6 级)词汇表》这两种词汇表对斥量名词进行定量分析时会互相参照,并在分析和计量数据时尽量注意避免由材料本身的特殊性所带来的一些不利因素和干扰因素。

三、《HSK 考试大纲(1—6 级)词汇表》中对斥量名词的标注原则

我们研究时采用的是 2015 年修订版的《HSK 考试大纲》中内附的词汇表,这里首先有必要将其基本情况介绍一下。

《HSK 考试大纲(1—6 级)词汇表》在 5 000 词以外还另附有重组默认词、减字默认词、特例词,表内 5 000 词中还包含成语和不成词语素。2015 版的《HSK 考试大纲》还对每个词都进行了词性标注,表内 5 000 词的处理方式是:对词和不成词语素

进行词性标注,对成语不进行词性标注。

根据我们对斥量名词定量分布研究的需要,我们先要对这份《词汇表》进行简单的处理。我们的处理原则是这样的:

第一,只统计词汇表内的词汇,不统计附表词汇。

第二,只统计词汇表内的词,不统计成语和不成词语素。

第三,名词词性的标注均依照词汇表的标准予以处理。

第四,将词汇表中的词语都视作单义词。

对于这样处理的原因和具体的处理情况,我们将在下面进行简单的说明。

(一) 对名词性语素的处理原则

1. 对《词汇表》中不成词语素的处理

名词作为实词是具有独立运用能力的词,在句中应该能够独立做句子成分。本文研究的对象是斥量名词,需要考察的是名词受数量短语修饰的能力,也即是名词在"数+量+名"结构中受数量短语修饰后做中心语的能力。因此不具备独立做句子成分能力的名词性成分不应作为名词处理。《词汇表》里单音节不成词语素一般都是标记为名词的,这些所谓的名词当然不能受数量短语直接修饰,但如果考察它们不受数量短语修饰的原因,应首先考虑它们的独立运用能力受限这一因素。因此,它们实际上成了我们对斥量名词进行计量研究的一个干扰性因素,应予排除。

这种名词性不成词语素主要包括以下两类:

(1) 表示季节的:如"春""夏""秋""冬"等。

(2) 表示化学元素的:如"银""氢"等。

上述名词性不成词语素,我们一般将其排除在斥量名词定量分析考察的范围之外。

2. 对《词汇表》中时间词、方位词和处所词的处理

关于《词汇表》的时间词、方位词和处所词处理,我们主要面临两个问题。

第一,是否应该把它们标记为名词。

时间词、方位词和处所词都属于体词,这一点学界早已达成共识,但这些体词是否属于名词,语法学界一直以来争议不断。根据我们的观察,一般情况下,这三类词都不受数量短语直接修饰,但偶尔也会出现例外,比如"星期天"可以说"两个星期天"。时间词、方位词和处所词应该计入我们所探讨的斥量名词范围,但鉴于学界的争议,我们采取折中的处理办法,对计入和不计入分别进行讨论。

第二,是否计入斥量名词统计对研究结果影响很大。

时间词、方位词和处所词这三类词的基础性强,使用频度较高,在较小规模基础性词库里的占比较大,是否计入统计范围,对我们研究斥量名词的统计结果影响较大。王惠、朱学峰(2000)的文章中并没有明确说明对于时间词、方位词和处所词这三类词的处理方式,但从文中列举的斥量名词的四个子类来看,他们并没有把时间词、方位词和处所词这三类词计入考察范围。

因此,我们对时间词、方位词和处所词这三类词的处理方式是,给这三类词单独标记,分别统计这三类词计入斥量名词和不计入斥量名词的两种考察结果,这样方便将我们的统计结果与前人的研究进行比较和分析。

3. 对词汇表中单纯方位词的处理

朱德熙(1982)将方位词分成单纯方位词和合成方位词两种,并指出"单纯方位词都是黏着的,合成方位词大部分是自由的"。由于我们研究的对象是现代汉语中的斥量名词,主要目的

是考察名词受数量短语直接修饰的能力以及斥量名词排斥数量短语直接修饰的能力。因此，黏着性的单纯方位词不应该纳入考察范围内，我们把它们和前述不成词名词性语素一起排除在我们的统计研究范围之外。

据此原则，《词汇表》中被排除的单纯方位词共 14 个，列举如下：

东　南　西　北　中　上　下　左　右　里　内　外　前　后

(二) 对义项的处理原则

虽然在现代汉语常用词中多义词的占比远远高于单义词，但考虑到在《词汇表》中对兼类词的标注一般是分别标注其两个词性，而且大纲的词汇表中所包含的大多是基础性较强的词汇。据此，我们大体上可以认为，在排除掉兼类词的干扰后，每个词都是单义词，我们只取每个词语的基本义进行考察。如果在研究中遇到个别的特殊情况，再予以单独讨论。

第二节　斥量名词的定量统计分析

一、斥量名词总量

根据上文的说明和处理原则，我们对《HSK 考试大纲（1—6 级）词汇表》中所有的名词重新进行标注统计，为便于称说，在统计时我们将不计入时间词、处所词和方位词的名词称为"狭义名词"，将计入时间词、处所词和方位词的名词称为"广义名词"，统计得到的结果如下。

(一) 名词总量

《词汇表》中实有名词共计 1 644 个，占表中全部词语总数

5 000 词的 32.88%；含有时间词、方位词、处所词(不含单纯方位词)共计 53 个(见附录六)；名词与时间词、方位词、处所词(不含单纯方位词)二者合计 1 697 个，占词汇表中词语总数的 33.94%，即广义名词 1 697 个，占词汇表词语总数的 33.94%。

(二) 斥量名词总量

《词汇表》中实有斥量名词 308 个(见附录五)，占狭义名词总数的 18.73%；另有斥量的时间词、方位词、处所词共 37 个；斥量名词与斥量的时间词、方位词、处所词二者合计共 345 个，占广义名词总数的 20.27%。

从以上数据我们可以看出，斥量名词在狭义名词中的占比为 18.73%，这个统计结果与王惠、朱学峰(2000)在 60 000 词中统计斥量名词占比为 19.0% 的结果比较接近，甚至可以说基本一致。也就是说，斥量名词在现代汉语 5 000 词和 60 000 词的词汇表中占比基本一致。

二、HSK 狭义名词中斥量名词的分布情况

(一) HSK 狭义名词中斥量名词累进统计情况

根据我们的统计结果，现代汉语在 5 000 词的基础上和 60 000 词的基础上斥量名词的占比并没有明显变化。那么是不是我们之前所假设的在相对较小的、基础性较强的词库里，斥量名词在全部名词中占比较小这一预测是不成立的呢？其实不是这样的，我们前面提到 HSK 考试大纲是有 1—6 级的，词汇表也是一个分级的系统，随着级别的升高，词汇的数量也在增加，而我们统计发现，斥量名词在名词中的占比也会自然地随着词汇量的变化而变化。其具体情况，我们将列表予以说明。

为了考察词汇总量变化对斥量名词占比的影响，我们对《词

汇表》进行了累进统计。我们这里所说的累进统计,指的是在统计每一级词汇时都包含了上一级全部词汇中的词语。

用这种方法统计的结果见下表 7-1。

表 7-1 HSK 狭义名词中的斥量名词累进统计表

等级	词汇量/个	狭义名词量/个	斥量名词量/个	斥量名词占比/%
1 级	150	46	4	8.70
1—2 级	300	87	4	4.60
1—3 级	600	195	8	4.10
1—4 级	1 200	371	21	5.66
1—5 级	2 500	872	110	12.61
1—6 级	5 000	1 644	308	18.73

根据表 7-1,我们作图 7-1 如下。

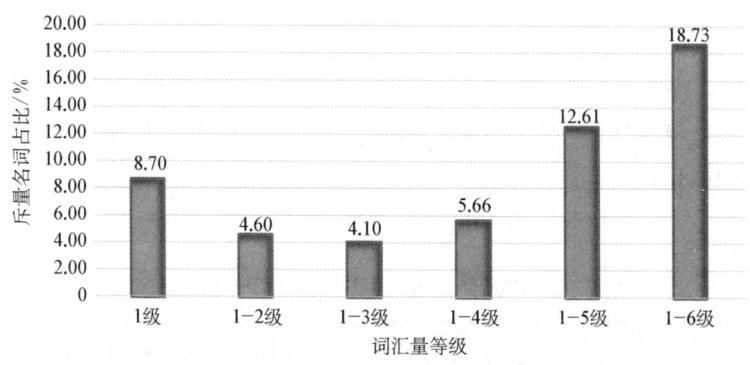

图 7-1 HSK 狭义名词中的斥量名词累进统计占比图

从表 7-1 和图 7-1 可以清楚地看出,斥量名词的分布情况在词汇量 600 词以前和词汇量 600 词以后呈现截然不同的两种表现:

第一,词汇量 600 词以后斥量名词占比与词汇量多少呈现正相关关系。

当词汇量超过 600 词时,斥量名词在名词中的占比就与词汇量的多少呈明显的正相关关系。斤量名词的占比从词汇量 600 词时的约 4%,一路升高到词汇量 5 000 词时的超过 18%,可以说随着词汇量的增长,斤量名词的占比相应地增大。

第二,词汇量 600 词以前斤量名词占比与词汇量多少呈负相关关系。

当词汇量较小时,二者的关系并没有呈现像 600 词以后的正相关关系,甚至在实际上形成了负相关关系。而且当在词汇量为 150 时,斤量名词的占比却达到 8.70%,远远高于 600 词时 4.10%的占比。

(二) HSK 狭义名词中斤量名词分级统计

下面我们来看看采用另一种统计方法——分级统计得出的数据和结果。

我们把《词汇表》每一级词汇中所包含的低阶词汇剔除,使每一级仅保留本级的新词,以此来观察低、中、高不同阶段名词中的斤量名词占比情况。

用这种方法统计的结果见表 7-2。

表 7-2 HSK 狭义名词中的斤量名词分级统计表

等级	词汇量/个	狭义名词量/个	斤量名词量/个	斤量名词占比/%
1 级	150	46	4	8.70
2 级	150	41	0	0.00
3 级	300	108	4	3.70
4 级	600	176	13	7.39
5 级	1 300	501	89	17.76
6 级	2 500	772	198	25.65

根据表7-2,我们作图7-2如下。

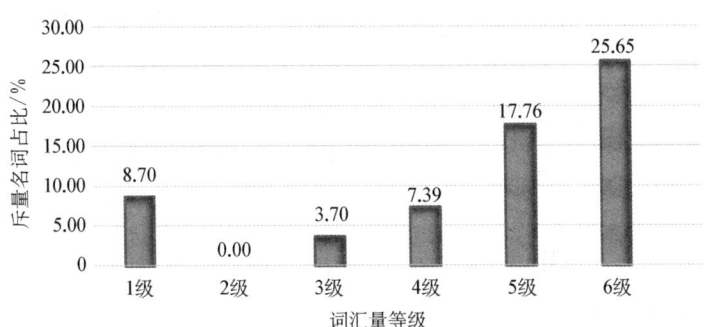

图7-2 HSK狭义名词中的斥量名词分级统计占比图

从表7-2和图7-2可见,采用分级统计的方法得到的结果显示:

第一,《词汇表》中斥量名词的分布与词汇的高低阶有着密切关系。

第二,2—6级正相关关系更加明显。

自《词汇表》的2级开始至6级,斥量名词在狭义名词中的占比逐级上升,即从2级的0.00%,逐渐上升到6级的25.65%,斥量名词在狭义名词中的占比与词汇量的增长之间的正相关关系比累进统计方法得出的结果更加明显。

第三,6级词汇表中斥量名词的占比高达25.65%。

6级词汇表中斥量名词的占比高达25.65%,这一统计结果不仅远远超过了1级到5级的各级,甚至也远远超过了王惠、朱学峰(2000)根据60 000词的大词库所统计得出的19%的统计结果。

(三) 统计分析得出的结论

通过以上累进统计和分级统计两种完全不同的统计方法和分析方法,我们可以得出如下研究结论:

1. 斥量名词在狭义名词中的占比与词汇量密切相关

当词汇总量比较少时,斥量名词的占比也相对较小,当词汇总量在1 200以下时,斥量名词的占比小于10%,当词汇量上升到2 500时,斥量名词的占比突破了10%,当词汇量上升到5 000时,斥量名词的占比上升到18%以上,这时就已经接近60 000词的大型词库的水平了。

2. 词汇的位阶与斥量名词在词汇中的占比密切相关

从统计数据上看,《词汇表》中、低阶(1—4级)词汇里斥量名词的总数占比较小,低于10%,且波动较大,高阶(5—6级)词汇里斥量名词的占比大幅提升,分别为17.76%和25.65%。

3. 斥量名词随着认知的深化逐步扩充

统计数据很清楚地告诉我们,随着中、低阶词汇到高阶词汇的扩展,人类的认知逐步深化,斥量名词的数量也相应地随之增加。我们可以肯定地说,斥量名词是随着人类认知的深化在词汇表中逐渐扩充的。换言之,斥量名词随着人类认知的深化而相应增加。

4. HSK 1级词汇表斥量名词偏高与其用途有关

当然,我们从以上表7-1和表7-2中也可以看到,当词汇的总量较小和位阶较低时,斥量名词的占比与词汇量等级并没有表现出正相关的关系,特别是在1级即词汇量150词这个级别上,斥量名词占比却异常的大。要解释其中原因,就需要我们考察一下一级词汇表中斥量名词的具体情况。

根据我们的统计,如果不计时间词与方位词、处所词,大纲1级词汇表里共有斥量名词4个,这4个名词分别是:"北京""汉语""天气""中国"。在这4个词里面,"北京""汉语""中国"3个是专有名词,而1级词汇表里,狭义名词总共只有46个,所以这个比例是很高的。这3个词之所以出现在这里,与《词汇表》的性质和用途有很大关系。我们前面提到过,《HSK考试大纲》服务的群体主要是母语为非汉语的跨国汉语学习者,而这几个词对于这个群体中的初学者来说是常用度和使用频率很高的。因此我们可以说 HSK 的 1 级词汇表里斥量名词的占比明显偏高,与词汇表自身其功能性的特殊设计密切相关。

三、HSK 广义名词中斥量名词的分布情况

下面我们重点分析研究在《词汇表》的广义名词中斥量名词的分布情况。

(一) HSK 广义名词中斥量名词的累进统计

首先来看斥量名词在《词汇表》中累进统计的结果,其数据如下。

表 7-3　HSK 广义名词中的斥量名词累进统计表

等级	词汇量/个	广义名词量/个	斥量名词量/个	斥量名词占比/%
1 级	150	55	11	20.00
1—2 级	300	100	14	14.00
1—3 级	600	215	23	10.70
1—4 级	1 200	395	40	10.13
1—5 级	2 500	909	139	15.29
1—6 级	5 000	1 797	344	19.14

根据表 7-3,我们作图如下。

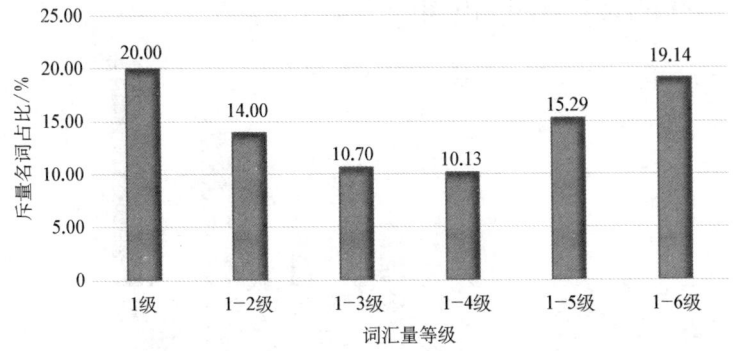

图 7-3　HSK 广义名词中的斥量名词累进统计占比图

从表 7-3 和图 7-3 可以清楚地看出:

第一,在词汇总量超过 1 200 时,斥量名词在广义名词中所占的比例就与词汇量多少呈现明显的正相关关系,这与狭义名词中斥量名词的分布统计结果一致。

第二,与狭义名词的分布统计结果不同的是,在词汇总量较少时,斥量名词在广义名词中的占比与词汇量呈现更明显的负相关关系,尤其是在词汇量特别少时(如 150 词时),斥量名词的占比却达到了 20%,甚至超过了 5 000 词的占比。

(二) HSK 广义名词中斥量名词的分级统计

下面我们再来看一看在《词汇表》的广义名词中斥量名词的分级统计的结果,统计数据如下。

表 7-4　HSK 广义名词中的斥量名词分级统计表

等级	词汇量/个	广义名词量/个	斥量名词量/个	斥量名词占比/%
1 级	150	55	11	20.00
2 级	150	45	3	6.67
3 级	300	115	9	7.83
4 级	600	180	17	9.44
5 级	1 300	514	99	19.26
6 级	2 500	788	205	26.02

根据表 7-4,我们作图如下。

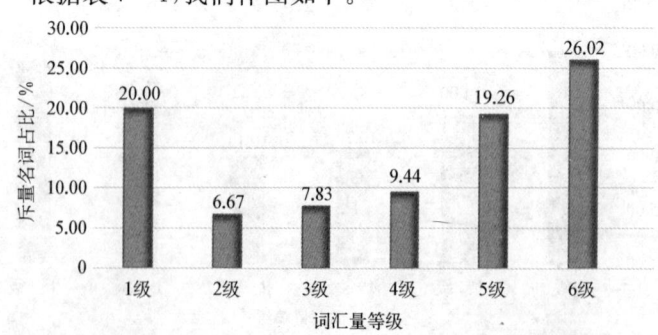

图 7-4　HSK 广义名词中的斥量名词分级统计占比图

从表 7-4 和图 7-4 可以看出:

第一,《词汇表》中广义名词里的斥量名词占比分级统计结果与斥量名词在狭义名词的占比分级统计结果类似。

第二,二者所不同的是,1 级词汇表中广义名词里的斥量名词的占比更为突出,1、2、3 级词汇表中广义名词里的斥量名词的占比相较于狭义名词的占比更大,4、5、6 级词汇表中斥量名词的占比相较于狭义名词的增长相对有限。

究其原因,这是由于时间词、处所词、方位词大部分都不能受数量短语直接修饰,所以如果计入这三类词,就必然会加大斥量名词在名词总量中的占比。而具体到各个级别,每一级所包含的时间词、处所词、方位词在该级词汇表中名词里的占比不同,对该级斥量名词占比的统计结果就会产生不同影响。

为了观察这种影响,我们统计了《HSK 考试大纲》中各级词汇表的时间词、处所词、方位词(简称时间方所词)的数量和占比情况,其统计结果如下。

表 7-5　HSK 时间方所词分级统计表

等级	词汇量/个	广义名词量/个	时间方所词数量/个	时间方所词占比/%
1 级	150	55	9	6.00
2 级	150	45	4	2.67
3 级	300	115	7	2.33
4 级	600	180	4	0.67
5 级	1 300	514	13	1.00
6 级	2 500	788	16	0.64

根据表 7-5,我们作图如下。

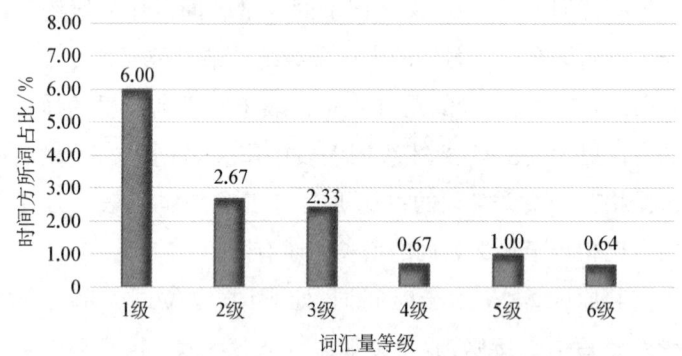

图 7-5　HSK 时间方所词分级统计占比图

从表 7-5 和图 7-5 可见,时间方所词在各级广义名词中的占比总的来说呈现出随词汇量增长而逐渐减小的趋势。另外由于这类词基础性较强的特点,在较低位阶的词汇中占比尤其大,这就导致了时间方所词对统计低位阶、少词汇量中的斥量名词占比统计有较大的扰动和影响,而对高位阶、多词汇量的统计结果扰动和影响较小。

时间方所词虽然绝大部分都具有斥量的属性,但是,鉴于它们的语法特征和语法表现毕竟和其他斥量名词有比较大的区别,与普通名词一起统计对观察总结斥量名词的分布规律有一定的干扰,所以我们还是认为,在研究斥量名词时还是把它们与其他普通名词和其他斥量名词分开,单独处理比较恰当。

四、从统计结果再看名词维度与斥量

我们在前文中提到过,名词对量词的选择与名词所指称的事物或概念的空间维度有着较为密切的关系,比如零维名词天然地倾向于斥量,为了进一步分析名词的维度与斥量二者之间的关系,我们对《词汇表》里的零维名词专门进行了标注。

(一)《词汇表》中名词维度的标注原则

下面我们首先要说明一下我们对《词汇表》中名词维度进行标记的基本原则。

1. 标记的维度是认知作用后的维度

表示客观实体的名词,因为其所表示的客观实体都占据一定的空间,所以原则上都可以看作是三维的。但从认知上看,我们总是会对事物的特征进行抽象化思考,而这种抽象常常会导致名词的维度特征与其所代表的客观事物本来的维度有所不同。也就是说,人们认知作用后的维度与客观事物本来的维度之间是有一定差异的,我们在语言中的维度往往是认知作用后的维度。

比如,"路""堤""岸""纸"等事物作为客观实体,理论上都是占据三维的空间,但是在汉语的认知中我们通常把"路""堤""岸"等看作一维的,而把"纸"看作二维的。考虑到这一点,我们在对名词的维度进行标注时尽量考虑和遵循人们的认知习惯,即主要以人们认知作用后的维度作为参照。

2. 指称抽象事物的名词标记为零维名词

人类的抽象的心理活动、抽象的概念、科学技术与知识、社会组织与制度等等一般都没有与固定的空间建立必然的联系,我们认为指称这些事物的名词都是没有维度的,我们将其标注为零维名词。

3. 指称动作行为的名词标记为零维名词

动作行为以及事物的发展变化都要与时间建立联系,但在空间上并没有固定的形象,所以我们也把指称这类动作行为的名词标记为零维名词。

坚持以上原则,经过我们的统计和逐一标注,《词汇表》中共有狭义名词1 644个,其中零维名词772个(见附录七),占狭义名词总数的46.96%。

我们标注的《词汇表》中共有斥量名词308个,其中零维名词269个,占87.34%。可见,斥量名词与零维名词有着密切的关系,零维名词在斥量名词中占绝对多数。对《词汇表》中308个斥量名词中的名词维度分级统计情况见下表。

表7-6 HSK斥量名词各维度名词数量统计表

维度	名词数/个	占比/%
零维	269	87.34
一维	3	0.97
二维	17	5.52
三维	19	6.17

根据表7-6,我们作图如下。

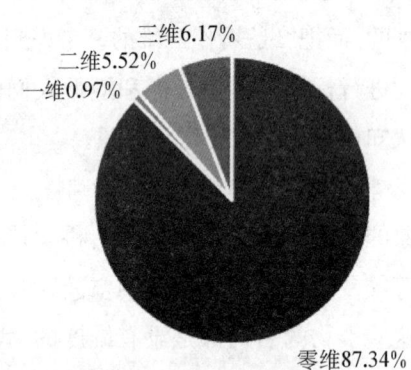

图7-6 HSK斥量名词各维度名词数量分布图

除去零维名词,《词汇表》中的一维、二维、三维斥量名词一共有39个,这39个斥量名词是:

北京 中国 世界 太阳 地球 海洋 岸 固体 郊区

空间　嗓子　沙漠　沙滩　身材　体积　天空　田野　胃
物质　心脏　宇宙　北极　本人　边疆　边境　场所　赤道
海拔　海滨　喉咙　口腔　欧洲　丘陵　人间　四肢　太空
天堂　温带　胸腔

(二)《词汇表》中非零维斥量名词的分类分布情况

《词汇表》中39个斥量名词其分类分布情况如下：

1. 含[＋唯一量]斥量名词21个

这21个名词又可以分成绝对[＋唯一量]名词和相对[＋唯一量]名词两类。

(1) 绝对[＋唯一量]名词13个

　　北京　中国　世界　欧洲　太阳　地球　海洋　宇宙
北极　赤道　太空　天堂　人间

这些名词所指称的事物在客观世界和我们的认知世界里只有一个,具有绝对的唯一性。

(2) 相对[＋唯一量]名词8个

　　嗓子　身材　胃　心脏　喉咙　口腔　胸腔　本人

这些名词所指称的事物在客观世界里并不是唯一的,但在我们的认知世界里,或者在语言使用时通常被当作唯一的。

其中"本人"的作用是自指,虽然任何人都可以是本人,但对于使用这个词的人来说,"本人"具有唯一性。其余的词都是指称人体的轮廓或者某个器官的,这类名词所指称的事物在客观上不是唯一的,其数量甚至多到不可计数,但我们使用这些词时一般只用他们指称某个人的人体轮廓或器官,或者用于指称不确定人的轮廓或器官,这时修饰它们的数量短语的数词就被限定为"一"了。

2. 含[＋精确量]斥量名词2个

四肢　岸

这其中"岸"这个词本身没有包含数量,但它蕴含了隐性数量"两",因为当我们使用数量短语来修饰它的时候,数词被限定为"两",所以只能说"两岸"。

3. 含特定义斥量名词16个

固体　郊区　空间　沙漠　沙滩　体积　天空　田野　物质　边疆　边境　场所　海拔　海滨　丘陵　温带

这些名词往往具有较强的无界特性,蕴含特定义(单一义、色彩义、隐喻义)即无量的量特征,前文第三章第一节已经进行了分析。沈家煊(1995)也指出无界事物具有内部同质、边界模糊的特征,这些斥量名词所指称的对象虽然都占据了一定的三维空间,但它们却往往都具备无界的特征。

上述统计结果我们列表如下。

表7-7　HSK中非零维斥量名词分类分布

分类	数量/个	占比/%
绝对[＋唯一量]	13	33.3
相对[＋唯一量]	8	20.5
含[＋精确量]	2	5.20
含特定义	16	41.0

从表7-7可以看出,《词汇表》中39个斥量名词其分类分布情况:含[＋唯一量](包括绝对[＋唯一量]和相对[＋唯一量])斥量名词占比为53.8%,含[＋精确量]斥量名词占比为5.2%,含[无量]即特定义的斥量名词占比为41.0%。

综上所述,我们可以看出《词汇表》中斥量名词绝大多数都是零维名词,因为不占据相对固定的三维空间而不便于计数。

那么,是不是零维名词一般都是斥量名词呢?

《词汇表》里共有 772 个零维名词,其中有斥量名词 269 个,占 34.84%。可见,斥量名词只占零维名词的一小部分,很多零维名词并不是斥量名词。

这些零维名词所指称的事物虽然不占据相对固定的三维空间,但它们都是有界的,可复现的,因而可以受数量短语直接修饰,比如"故事""错误""习惯""新闻"等等。

五、《斯瓦迪士核心词列表》中斥量名词的统计分析

《斯瓦迪士核心词列表》在历史语言学界有着巨大影响,被广泛用来进行语言基础词汇的调查和语言亲属关系的判断。该词表有多个版本,我们使用的是 R. L. Trask 的著作 *Historical Linguistics* 中给出的版本。该版共包含核心词语 207 个,原文按英文字母顺序排列,我们把它们按照意义类别重新编排并翻译成汉语,为了体现词汇表的基础性,翻译时我们尽量采用口语化的词来对译原文。

经过我们的统计与逐一筛选,最终发现《斯瓦迪士核心词列表》中共包含名词 81 个。我们把这 81 个名词及我们的翻译作为"附录八",附在本书末尾。

经过分析与逐一辨别,我们认为在《斯瓦迪士核心词列表》的 81 个名词里,其中 9 个为斥量名词,占比为 11.11% 列举如下:

鼻子 舌头 肚子 背 肝 太阳 月亮 海 天空

这个比例仅比《HSK 考试大纲(1—6 级)词汇表》中 1—4 级词汇中的包含的斥量名词比例略小。我们认为,由于没有教学用途的干扰,《斯瓦迪士核心词列表》里的词更接近基础词汇的概念。我们将这个结果与《HSK 考试大纲(1—6 级)词汇表》

的分析结果相对照,应该可以得出如下两条结论:

第一,汉语基础词汇当其词汇量在 1 000 词以下时,斥量名词的数量明显较少,斥量名词在名词总量的占比在 10% 上下浮动。

第二,与《词汇表》中的斥量名词不同,《斯瓦迪士核心词列表》中的斥量名词里没有一个是零维名词,它们所指称的对象都是占据一定空间的实体。它们都属于我们前面提到的含[+唯一量]斥量名词这一类。

对《斯瓦迪士核心词列表》中的斥量名词进行统计和分析,至少可以给我们两个启示:

第一,斥量名词是名词的典型成员,即便是在最为基础的核心词汇里,仍然占有相当高的比例。我们应该打破一直以来学界认为斥量名词属于边缘名词、不典型名词的偏见。

第二,在基础词汇里,由于表示抽象概念的词汇数量比较少,斥量名词的数量也会相应较少。因此,斥量名词比例的增加和人们认知的深化确有较为密切的关系。

第三节 从统计数据看斥量名词的词类地位

本章第二节对《HSK 考试大纲(1—6 级)词汇表》和《斯瓦迪士核心词列表》两份词表中的斥量名词进行了细致的、穷尽式的统计分析,得出的统计数据结论我们可以简略地概括如下。

一、定量统计数据

1.《词汇表》中名词共计 1 644 个,斥量名词共计 308 个,斥量名词占狭义名词总数的 18.73%。

2.《词汇表》中斥量名词共计 308 个,另有斥量的时间词、方位词、处所词共 37 个,二者合计 345 个,占广义名词总数的 20.27%。

3.《词汇表》中斤量名词累进统计占比:词汇量为 150 词时,斤量名词占比为 8.70%;词汇量为 300 词时,占比为 4.60%;词汇量为 600 词时,占比为 4.10%;词汇量为 1 200 词时,占比为 5.66%,词汇量为 2 500 词时,占比为 12.61%;词汇量为 5 000 词时,占比为 18.73%。

4.《词汇表》中斤量名词分级统计结果:1 级为 8.70%,2 级为 0,3 级为 3.70%,4 级为 7.39%,5 级为 17.76%,6 级为 25.65%。

5.《斯瓦迪士核心词列表》中斤量名词占核心名词总数的 11.11%。

二、从统计数据得出的结论

从以上统计数据我们至少可以得出以下结论:

1. 在《HSK 考试大纲(1—6 级)词汇表》中,斤量名词占狭义名词总数的 18.73%,这个统计结果与王惠、朱学峰(2000)在 60 000 词的基础上统计的结果 19.0% 较为接近。

斤量名词占比很高,接近名词总数的五分之一,斤量名词不是学界认为的少数名词。

2. 斤量名词在《斯瓦迪士核心词列表》中占比很高,斤量名词不是边缘名词,其词类地位不容忽视。

3. 斤量名词在《词汇表》6 级中占比高达 25.65%,如此高的比例,证明汉语作为第二语言的教学难以回避。

4.《词汇表》中斤量名词的分布与词汇的高低阶有密切关系,斤量名词在名词中的占比从 2 级的 0%,逐渐上升到 6 级的 25.65%,二者间的正相关比累进统计更明显。

5. 从《词汇表》斥量名词的累进统计数据和分级统计数据可以看出，600 词以后斥量名词占比与词汇量多少呈正相关，600 词以前占比与词汇量多少呈负相关。

对汉语基础词汇而言，当词汇量较少时，斥量名词的数量明显较少。从 2 级到 6 级，斥量名词占比逐步升高，可见斥量名词随着人类认知的深化逐步扩充。

总之，斥量名词数量较多，斥量名词在基础词汇和核心词汇中占比较高，大部分斥量名词其名词隶属度也较高。

上述三点，分别有力地驳斥了传统语法学界一直以来认为的斥量名词是少数名词、边缘名词、零星名词等错误观点。研究证明斥量名词的词类地位很高，不容忽视，其不但值得我们深入研究，而且对名词语法词类的建立有积极意义。

附录一 前人列举的词表(部分)

刘学敏、邓崇谟(1989)《现代汉语名词量词搭配词典》收录名词8 000余个,我们仅以拼音字母C开头的名词为例,找出21个无量词搭配的名词,如下:

财贸	财政	残年	苍天	常年	常情	长期
长途	成败	城乡	乘法	重阳	重洋	初期
初旬	除法	传真	春分	春心	此刻	次数

彭睿(1996a)列举出35个度量类抽象名词:

湿度	摄氏度	容积	气温	强度	热量	频率
浓度	年龄	能量	密度	流量	流速	面积
路程	利润	利息	重量	物价	价格	总额
积分	汇率	厚度	海拔	功率	血压	气压
长度	次数	幅度	比例	比重	波长	参数

彭睿(1996b)列举出的共366个非量化名词:

艾滋病	案牍	背	波涛	边防	表面	八卦
版权	本意	笔锋	笔者	倍数②	百货	半径
春色	春	初中	成分②	城乡	城关	次数
常规	潮汐	赤子	长短	词汇	苍天	苍穹
乘法	除法	当代	当局	大地	大意	大众
大自然	大后方	大海	大局	大小	地面	地势
地方①	低温	电气	第一线	肚皮	对方	诞辰
丹田	党籍	道义	二线	儿科	恩泽	腹部
芳菲	分	反比	反比例	风尘	风头	风力

风水	锋芒	幅员	隔壁	个儿	个人	个位
高压	高中	高价	官方	国防	感官	勾当
公家	公众	宫廷②	故里	纲纪	工科	海量
海洋	海派	海外	和平	化工	伙食	恒温
后期	后人①	后事	虎口	虎穴	户籍	户口
皇家	皇室	婚期	婚龄	火候	号角	华诞
脊梁	籍贯	家乡	忌日	加法	减法	经度
局部	京派	金融	基层	口感	块头	客观
老家	老本	老调	两级	两口子	脸色	亮度
烈日	邻里	灵敏度	六畜	路数	履历	伦理
理科	令尊	令堂	劣势	毛重	毛利	矛头
眉头	梦乡	蜜月	密度	民航	民间	民心
民意	民众	名头	末流	末路	末尾	末日
末梢	母体	牧业	美术	门诊	逆差	逆境
年成	辛庚	年华	年景	年轮	年终	娘家
农时	女权	女方	男方	脑海	脑力	脑溢血
内地	内心	内政	牛市	旁人	篇幅	片刻
平反	平价	轻重	轻工业	权限	前方	前列
前科	前期	前程	前线	前夕	前身	气量
气色	气数	气焰	乾坤	枪法	墙根	墙头
青春	青天	青光眼	情理	情网	全程	全局
全貌	全体	群言堂	人生	人类	人心	人身
人体	人品	人氏	人中	人海	人间	人头①
日后	肉眼	思维	私人	私生活	四季	四呼
四声	四野	四肢	水力	书法	双方	双亲
摄氏度	三军	丧钟	沙场	山河	山水	善意
商界	商业	伤势	上身	上天	梢头	射程

身长	身板	身心	身孕	身子	生平	时局	
时事	世交	世家	世人	事态	手笔	手脚	
手气	手感	手工业	寿辰	寿诞	寿数	霜期	
死讯	师表	师尊	体魄	体坛	体统	体育	
天	天空	天候	天际	天机	天命	天年	
天色	天庭	天意	通体	童贞	痛处	头顶	
田径	胎气	太空	五岳	五官	外表	外科	
尾声	文笔	文科	文坛	纬度	心灵	心目	
心头	熊市	下身	下盘	下风	小节	小灶	
小日子	胸怀	胸脯	胸口	胸膛	学籍	血统	
性	现场	乐坛	演艺界	腰	腰身	一生	
一言堂	饮食	宇宙	鱼类	硬件	牙口	沿岸	
沿海	沿线	眼福	眼界	仪表①	阴性	阳性	
英姿	雨量	原配	原籍	原意	月子	贞节	
贞操	政界	政局	祖籍	祖辈	仲夏	仲春	
终端	终局	质地	正面	阵脚	战况	主观	
智能	重工业						

王惠、朱学峰(1998)在《附录2 无量名词举例》中列举了251个无量名词：

安危	败绩	褒义	辈分	本分	本末	本文	
本土	本意	本职	比率	笔触	笔力	笔者	
边缘	表面	兵力	秉性	病况	病情	病榻	
步伐	步履	苍穹	苍天	差额	产量	产值	
长女	常态	成色	初衷	词频	雌雄	次数	
次序	粗细	大地	大局	大势	大小	大意	
大众	当局	地利	地面	地域	电量	电力	
电热	电信	爹妈	定额	定员	度数	饭量	

芳龄	分量	份额	风尘	风量	风速	风月
幅度	福音	肝胆	高矮	高度	高温	个儿
个人	个头	公家	公众	功过	功率	固态
官方	官府	官价	光速	广度	规程	规模
贵处	贵贱	国别	国度	国魂	国库	国门
国民	国威	国运	含量	航程	航天	航运
好坏	河面	河山	河运	洪福	鸿运	后话
后账	厚度	厚望	寰球	火势	几率	剂量
佳境	佳音	家境	家世	江河	江湖	江山
疆场	交通	骄阳	脚步	教学	金额	金融
近景	近况	进程	军婚	军容	军心	可见度
客流量	口碑	口齿	苦衷	快慢	宽度	来势
冷暖	黎民	历程	列国	列强	劣势	林木
流量	炉温	路途	旅途	脉络	眉宇	门第
门庭	面貌	民心	民众	目力	年景	年龄
年岁	年限	浓度	女色	匹夫	篇幅	起价
气温	气压	强弱	襁褓	青春	轻重	轻装
秋波	全程	全局	全文	权限	人类	人民
人体	容积	容量	山川	山河	上文	升幅
胜负	时局	时速	时限	食量	市面	首尾
数量	数额	水深	水土	水准	四邻	四肢
岁数	岁月	谈锋	谈吐	体重	天年	天色
天涯	天意	土木	外貌	温差	温度	五官
物欲	现况	小康	心地	心境	心术	心窝
心胸	星辰	行迹	性别	雄兵	学业	衣冠
异乡	音量	音律	音速	音域	原籍	原价
原样	原址	账面	正比	政局	质量	众怒
众人	拙见	总额	总价	总量	总值	

王珏(2001:211)列举 291 个不可量化名词,并细分为 8 个语义小类:

A1 类,专有人名词;

A2 类,专有地名词;

A3 类,独一无二的事物名词:

大地	烈日	天	苍天	苍穹	太空	星空
全国	全球	全世界	人类	大自然	自然	上天
太空	天候	天际	天命	天色	天意	宇宙
政界	政局	青天	人心	人身	下身	上身
通体	下盘	人体	人氏	肚子	肚皮	人中
丹田	手脚	手气	人海	人间	人头	胸怀
胸脯	胸膛	胸口	腰	腹部	头顶	手感
腰身	胎气	诞辰	原配	人品	人生	祖籍
死讯	生平	婚龄	青春	童贞	老家	令尊
令堂	隔壁	华诞	脊梁	背	后事	娘家
原籍	个人	寿数	履历	年庚	年龄	户籍
籍贯	前身					

A4 类,含有数量义的名词:

一生	一言堂	二线	两口儿	两极	四海	六畜
四方	七窍	五官	双亲	双方	双边	双簧
双抢	双生	双声	四声	五音	五金	五指
八股	八卦	三国	东三省	三宝	三军	三星
一线	三线	五岳	五经	二十四节气		全程
全局	全貌	全体	群言堂	城乡	大众	词汇
平仄	公众	眉头	山河	山水	世人	祖辈

A5 类,含有顺序义的名词:

| 初小 | 高小 | 初中 | 高中 | 终端 | 终局 | 末流 |

末路　　末尾　　末日　　末梢

A6类,关系名词:

倍数　　次数　　反比　　反比例　　世交

A7类,区别性名词:

当局	半径	正面	阵脚	版权	春色	商界
伤势	下风	小节	小灶	小日子	事态	宫廷
故里	国防	农时	时局	时事	地面	边防
京派	重工业	乐坛	演艺界	个位	官方	对方
大局	当代	大后方	女方	女权	男方	学籍
公家	文科	文坛	手工业	体坛	体育	田径
轻工业	牧业	民航	皇家	皇室	前方	前列
前科	前线	后人	忌日	海派	海外	化工
美术	内地	内心	内政	局部	民间	理科
沿海	沿岸	沿线	金融	身板	身心	身子
基层	墙根	墙头	肉眼	私人	私生活	表面
城关						

A8类,性质名词:

阴性	阳性	英姿	主观	智能	心灵	心目
心头	质地	和平	伙食	恒温(原"衡温",疑有误)		
风水	贞节	贞操	战况	眼福	眼界	仪表
牙口	民心	民意	情理	客观	老调	脸色
气量	气色	口感	丧钟	体魄	体统	痛处
血统	性	善意	海量	常规	本意	笔锋
成分	大意	劣势	矛头	梦乡	思维	师表
师尊	世家	纲纪	逆境	脑海	脑力	气数
气焰	乾坤	火候	道义	恩泽	芳菲	风尘
风头	锋芒	原意	感官	勾当	权限	伦理
文笔	书法					

附录二 第二章斥量名词增补

半路	半途	半夜	半价	半空	半生	半世
半辈子	半数	一线	一生	一对	一言堂	一维
一斑	一带	一旁	一辈子	一端	二线	二者
二手	二婚	二流	二老	两极	老两口	小两口
两重性	两头	两翼	三线	三秋	三餐	三伏
三维	三围	三高	三军	四周	四声	四季
四围	四处	四郊	四声	四海	四方	五脏
五行	五谷	五更	五线谱	五味	五指	五毒
五音	五彩	七彩	七七	七窍	七情	七十二行
八辈子	八斗才	八方	八节	八字	九重霄	九地
九泉	九天	九霄	九州	九族	千秋	千古
千金①	千夫	万代	万世	万福	万方	万古
万国	万机	万籁	万民	万难	万事	万物
万象	万众	全省	全国	全家	全年	全民
全球	全村	全场	全班	全人类	全会	全校
全盘	全书	全集	全貌	全文	全套	全体
全线	全景	全境	全员	全市	全县	全城
全称	全片	全篇	全数	全速	全价	全日
全列	全日制	列兵	列阵	列宾	列支	双方
双亲	双轨	双学位	双语	民众	听众	万众
众口	僧众	众家	众位	众怒	群众	群落
群岛	群山	群星	群体	群峰	群臣	群团

群舞	群婚	群雄	群芳	群情	群氓	群像	
群英	人群	鱼群	羊群	狼群	蜂群	雁群	
马群	鸟群	星群	句群	畜群	大家	大伙	
大自然	大宗	大口	大门口	大陆	大洲	大同	
大旱	大势	大漠	大后方	大西北	大全	总额	
总数	总值	总体	总产值	总称	总队	总纲	
总公司	总和	总后方	总目	总星系	总悬浮颗粒物		
总则	总支	总部	多数	多极	多云	多糖	
多胞胎	多层	多媒体	繁星	繁花	周身	周遭	
周边	周围	环球	环线	环衬	重洋	重围	
重影	初春	初秋	初冬	初夏	初稿	初恋	
初期	初心	初雪	初夜	初潮	初年	初叶	
中叶	末叶	浑身	满口	满门	满眼	满嘴	
人们	乡亲们	首位	首席	终年①	终生	深浅	
长短	高低	厚薄	贫富	宽窄	松紧	冷热	
多少	黑白	对错	方圆	优劣	好歹	明暗	
远近	利害	雅俗	早晚	盈亏	虚实	异同	
真假	盛衰	浓淡	成败	正邪	喜怒	哀乐	
真伪	胖瘦	多寡	肥瘦	始末	是非	冷暖	
老少	功过	阡陌	前后	上下	左右	古今	
男女	阴阳	中外	始终	恩怨	天地	矛盾	
里外	源流	广袤	宾主	城乡	肺腑	肝胆	
兴亡	未来	存亡	聚散	输赢	买卖	出入	
起伏	开关	死活	动静	得失	生死	手足	
世代	恩惠	恩泽	边界	边际	边疆	边境	
边沿	界限	功绩	功勋	功利	功名	功能	
功效	功业	功用	利禄	源头	本息	本利	

本原	本源	本真	根本	末尾	末端	末梢
末后	初始	幅员	光辉	基础	基本	品貌
妇孺	身心	神志	神智	声誉	寿命	岁月
腿脚	文理	文教	文娱	学识	血汗	血泪
言辞	言词	言行	音信	肢体	踪迹	踪影
秩序	智慧	智谋	中央	纵深	收支	穿戴
穿着	忧患	生平	平生	饮食	折扣	知觉
作为	温饱	治安	主次	宇宙	天空	老天爷
太阳系	西天	下文	上身	下身	上游	下游
男方	女方	男家	女家	次女	大女儿	小女儿
前人	阁下	当局	爱人	内人	内当家	当家的
自身	对门	背面	本地	本国	外国	本省
外省	外乡	野外	远方	远洋	远祖	本行
彼岸	别处	课外	课内	境内	境外	乡间
乡下	早春	门诊	男科	妇科	儿科	外科
内科	呼吸科	生理	嗓音	学籍	正电	负电
党籍	党性	暖气	食欲	史册	史策	市容
市政	天文	天分	天赋	天公	天宫	天色
天光	天候	天际	肝火	步子	财贸	财政
常年	女红	女权	道义	德育	敌后	士气
除法	乘法	加法	减法	国境	海外	海运
肌体	记性	近况	本科	本质	军事	考古
科技	水性	体质	顺风	逆风	同辈	林业
农业	渔业	副业	工业	商业	水利	天文
田径	土木	视觉	听觉	嗅觉	味觉	触觉
外籍	外交	卫生	中医	西医	人间	人口
人类	人生	人士	人世	人手	私交	幼年

原形	胃口	去向	途中	眼界	阳电	阴电
阴历	阳历	邮政	早年	晚年	中年	壮年
战火	朝晖	真相	政协	政治	智力	注意力
宗教	伤势	病势	内忧	内患	肉欲	肉体
腐儒	色情	色相	色欲	残年	残局	残兵
残冬	残敌	残生	公愤	死地	死罪	忧心
左翼②	右翼②	灾情	稚气	罪责	华诞	寿诞
年华	韶华	韶光	佳绩	佳期	实际	实况
实效	实质	盛名	盛情	盛世	诗意	良心
时光	时务	硕果	基层	眼福	长势	真知
正途	正义	重兵	热量	重量	降水量	变量
水量	储量	计量	总产量	雨量	分量	劳动量
销售量	工作量	矢量	消费量	信息量	生产量	需求量
含水量	供应量	发行量	发电量	供给量	年产量	血量
肺活量	降雨量	当量	云量	出口量	含氧量	运动量
销量	运输量	存量	排放量	气量	客运量	用电量
收购量	亩产量	排水量	酒量	使用量	食用量	投放量
交易量	限量	音量	速度	强度	密度	长度
深度	纬度	湿度	精度	刻度	硬度	坡度
力度	透明度	纯度	亮度	量度	热度	密度
精确度	跨度	准确度	能见度	饱和度	黏度	额度
清晰度	烈度	精密度	弧度	盐度	频度	色度
维度	斜度	酸度	倾斜度	敏感度	物价	差价
售价	定价	估价	股价	粮价	加价	提价
身价	牌价	造价	地价	低价	底价	成本价
单价	进价	平价	报价	收购价	限价	现价
折价	标价	批发价	全价	汇价	房价	会员价

价值	数值	平均值	绝对值	年产值	比值	币值
面值	市值	原值	附加值	销售额	投资额	余额
份额	限额	营业额	全额	面额	贸易额	成交额
税额	零售额	配额	出口额	小额	大额	交易额
进口额	效率	频率	生产率	速率	概率	利润率
增长率	利率	利用率	税率	发病率	死亡率	汇率
成活率	生产率	分辨率	心率	升学率	覆盖率	出生率
折旧率	有效率	失业率	成功率	圆周率	吸收	犯罪率
合格率	回收率	命中率	患病率	感染率	占有率	普及率
治愈率	生育率	周转率	热效率	能率	收益率	入学率
离婚率	递增率	转化率	几率	准确率	总数	系数
参数	指数	基数	序数	算数	位数	天数
倍数	对数	倒数	平均数	户数	级数	字数
安全系数		钱数	号数	少数	多数	流速
声速	车速	航速	船速	体温	水温	常温
室温	地温	工龄	学龄	树龄	党龄	婚龄
驾龄	教龄	体重	净重	毛重	举重	负重
比重	载重	总重	持重	增重	词频	步频
音频	高频	低频	射频	温差	时差	房差
顺差	逆差	误差	偏差	级差	落差	视差
价差	年限	时限	期限	上限	权限	下限
气压	水压	电压	眼压	血压	低压	高压
脉压	端压	地压	负压	偏压	升幅	涨幅
振幅	降幅	篇幅	调幅	水深	井深	景深
进深	纵深	容积	体积	面积	乘积	电力
兵力	阻力	动力	摩擦力	升力	生产力	压力
重力	体力	引力	财力	磁力	购买力	风力

气力	摩擦力	水力	拉力	热力	视力	弹力
马力	国力	浮力	离心力	反作用力	核力	牵引力
冲力	吸力	军力	冲击力	药力	记忆力	气力
眼力	战斗力	音域	水域	海域	领域	疆域
流域	异域	航程	车程	旅程	行程	射程
冲程	路程	病程	日程	规程	里程	远程
中程	近程	赛程	短程	身高	层高	楼高
塔高	树高	坐高	音高	体长	身长	车长
时长	片长	周长	肩宽	幅宽	带宽	路宽
行期	限期	青春期	潜伏期	花期	成熟期	工期
汛期	霜期	哺乳期	刑期	经期	妊娠期	暑期
高峰期	发育期	发情期	更年期	幼儿期	成长期	有效期
会期	枯水期	汛期	婚期	孕期	存期	预产期
老年期	中晚期	中后期	保修期	胸围	腰围	臀围
头围	熔点	沸点	燃点	临界点	凝固点	风级
量级	星级	品级	部级	处级	科级	密级
风向	朝向	走向	寿辰	诞辰	生辰	期间
民间	人间	田间	乡间	世间	山间	阴间
阳间	席间	课间	间距	行距	焦距	边心距
车距	热能	动能	电能	智能	太阳能	原子能
势能	光能	水能	风能	耗能	体能	思想性
科学性	创造性	可能性	阶级性	稳定性	普遍性	代表性
客观性	真实性	特殊性	一致性	药性	艺术性	针对性
所有权	经营权	兵权	军权	王权	终年②	时年
殁年	周年	迷途	脑海	前线	身手	视野
眼帘	夜幕	铁窗	星火	文坛	诗坛	影坛
体坛	足坛	篮坛	艺坛	医坛	政坛	前尘

红尘	风尘	尘世	手笔	手头	睡乡	梦乡
雨露	佛门	嗓门	肛门	衙门	脑门	心地
心机	心坎	心头				

附录三　度量类斥量名词

一量：热量　　重量　　降水量　　变量　　水量　　储量
　　　计量　　总产量　雨量　　　分量　　劳动量　销售量
　　　工作量　矢量　　消费量　　信息量　生产量　需求量
　　　含水量　供应量　发行量　　发电量　供给量　年产量
　　　血量　　肺活量　降雨量　　当量　　云量　　出口量
　　　含氧量　运动量　销量　　　运输量　存量　　排放量
　　　气量　　客运量　用电量　　收购量　亩产量　排水量
　　　酒量　　使用量　食用量　　投放量　交易量　限量
　　　音量

一度：速度　　强度　　密度　　　长度　　深度　　纬度
　　　湿度　　精度　　刻度　　　硬度　　坡度　　力度
　　　透明度　纯度　　亮度　　　量度　　热度　　密度
　　　精确度　跨度　　准确度　　能见度　饱和度　黏度
　　　额度　　清晰度　烈度　　　精密度　弧度　　盐度
　　　频度　　色度　　维度　　　斜度　　酸度　　倾斜度
　　　敏感度

一价：物价　　差价　　售价　　　定价　　估价　　股价
　　　订价　　粮价　　加价　　　提价　　身价　　牌价
　　　造价　　地价　　低价　　　底价　　成本价　单价
　　　进价　　平价　　报价　　　收购价　限价　　现价
　　　折价　　标价　　批发价　　全价　　汇价　　房价
　　　会员价

—值：价值　　数值　　平均值　　绝对值　　年产值　　比值
　　　币值　　面值　　市值　　　原值　　　附加值
—额：销售额　投资额　余额　　　份额　　　限额　　　营业额
　　　全额　　面额　　贸易额　　成交额　　税额　　　零售额
　　　配额　　出口额　小额　　　大额　　　交易额　　进口额
—率：效率　　频率　　生产率　　速率　　　概率　　　利润率
　　　增长率　利率　　利用率　　税率　　　发病率　　死亡率
　　　汇率　　成活率　生产率　　分辨率　　心率　　　升学率
　　　覆盖率　出生率　折旧率　　有效率　　失业率　　成功率
　　　圆周率　吸收率　犯罪率　　合格率　　回收率　　命中率
　　　患病率　感染率　占有率　　普及率　　治愈率　　生育率
　　　周转率　热效率　能率　　　收益率　　入学率　　离婚率
　　　递增率　转化率　几率　　　准确率
—数：总数　　系数　　参数　　　指数　　　基数　　　序数
　　　算数　　位数　　天数　　　倍数　　　对数　　　倒数
　　　平均数　户数　　级数　　　字数　　　安全系数
　　　钱数　　号数　　少数　　　多数
—速：流速　　声速　　车速　　　航速　　　船速
—温：体温　　水温　　常温　　　室温　　　地温
—龄：工龄　　学龄　　树龄　　　党龄　　　婚龄　　　驾龄
　　　教龄
—重：体重　　净重　　毛重　　　举重　　　负重　　　比重
　　　载重　　总重　　持重　　　增重
—频：词频　　步频　　音频　　　高频　　　低频　　　射频
—差：温差　　时差　　房差　　　顺差　　　逆差　　　误差
　　　偏差　　级差　　落差　　　视差　　　价差
—限：年限　　时限　　期限　　　上限　　　权限　　　下限

—压：气压　　水压　　电压　　眼压　　血压　　低压
　　　高压　　脉压　　端压　　地压　　负压　　偏压
—幅：升幅　　涨幅　　振幅　　降幅　　篇幅　　调幅
—深：水深　　井深　　景深　　进深　　纵深
—积：容积　　体积　　面积　　乘积
—力：电力　　兵力　　阻力　　动力　　摩擦力　升力
　　　生产力　压力　　重力　　体力　　引力　　财力
　　　磁力　　购买力　风力　　气力　　摩擦力　水力
　　　拉力　　热力　　视力　　弹力　　马力　　国力
　　　浮力　　离心力　反作用力　　　　核力　　牵引力
　　　冲力　　吸力　　军力　　冲击力　药力　　记忆力
　　　气力　　眼力　　战斗力
—域：音域　　水域　　海域　　领域　　疆域　　流域
　　　异域
—程：航程　　车程　　旅程　　行程　　射程　　冲程
　　　路程　　病程　　日程　　规程　　里程　　远程
　　　中程　　近程　　赛程　　短程
—高：身高　　层高　　楼高　　塔高　　树高　　坐高
　　　音高
—长：体长　　身长　　车长　　时长　　片长　　周长
—宽：肩宽　　幅宽　　带宽　　路宽
—期：行期　　限期　　青春期　潜伏期　花期　　成熟期
　　　工期　　汛期　　霜期　　哺乳期　刑期　　经期
　　　妊娠期　暑期　　高峰期　发育期　发情期　更年期
　　　幼儿期　成长期　有效期　会期　　枯水期　汛期
　　　婚期　　孕期　　存期　　预产期　老年期　中晚期
　　　中后期　保修期

一围:	胸围	腰围	臀围	头围		
一点:	熔点	沸点	燃点	临界点	凝固点	
一级:	风级	量级	星级	品级	部级	处级
	科级	密级				
一向:	风向	朝向	走向			
一辰:	寿辰	诞辰	生辰			
一间:	期间	民间	人间	田间	乡间	世间
	山间	阴间	阳间	席间	课间	
一距:	间距	行距	焦距	边心距	车距	
一能:	热能	动能	电能	智能	太阳能	原子能
	势能	光能	水能	风能	耗能	体能
一性:	思想性	科学性	创造性	可能性	阶级性	稳定性
	普遍性	代表性	客观性	真实性	特殊性	一致性
	药性	艺术性	针对性			
一权:	所有权	经营权	兵权	军权	王权	
一年:	终年②	时年	殁年	周年		

如保留前一语素不变,也有一些用类似的方法构成的斥量名词。如:

高度	高温	高压	高空	高速	高价
高额	高位	高薪	高见	高寿	内政
内心	内网	内功	内海	内贸	内难
内地					

附录四 第三章斥量名词增补

半路	半途	半夜	半价	半空	半生	半世
半辈子	半数	一线	一生	一对	一言堂	一维
一斑	一带	一旁	一辈子	一端	二线	二者
二手	二婚	二流	二老	两极	老两口	小两口
两重性	两头	两翼	三线	三秋	三餐	三伏
三维	三围	三高	三军	四周	四声	四季
四围	四处	四郊	四声	四海	四方	五脏
五行	五谷	五更	五线谱	五味	五指	五毒
五音	五彩	七彩	七七	七窍	七情	
七十二行		八辈子	八斗才	八方	八节	八字
九重霄	九地	九泉	九天	九霄	九州	九族
千秋	千古	千金①	千夫	万代	万世	万福
万方	万古	万国	万机	万籁	万民	万难
万事	万物	万象	万众	全省	全国	全家
全年	全民	全球	全村	全场	全班	全人类
全会	全校	全盘	全书	全集	全貌	全文
全套	全体	全线	全景	全境	全员	全市
全县	全城	全称	全片	全篇	全数	全速
全价	全日	全列	全日制	列兵	列阵	列宾
列支	双方	双亲	双轨	双学位	双语	民众
听众	万众	众口	僧众	众家	众位	众怒
群落	群岛	群山	群星	群体	群峰	群臣

群团	群舞	群婚	群雄	群芳	群情	群氓
群像	群英	人群	鱼群	羊群	狼群	蜂群
雁群	马群	鸟群	星群	句群	畜群	大家
大伙	大宗	大口	大门口	大陆	大洲	大同
大旱	大势	大漠	大后方	大西北	大全	总额
总数	总值	总体	总产值	总称	总队	总纲
总公司	总和	总后方	总目	总星系	总悬浮颗粒物	
总则	总支	总部	多数	多极	多云	多糖
多胞胎	多层	多媒体	繁星	繁花	周身	周遭
周边	周围	环球	环线	环衬	重洋	重围
重影	初春	初秋	初冬	初夏	初稿	初恋
初期	初心	初雪	初夜	初潮	初年	初叶
中叶	末叶	浑身	满口	满门	满眼	满嘴
人们	乡亲们	首位	首席	终年①	终生	深浅
长短	高低	厚薄	贫富	宽窄	松紧	冷热
多少	黑白	对错	方圆	优劣	好歹	明暗
远近	利害	雅俗	早晚	盈亏	虚实	异同
真假	盛衰	浓淡	成败	正邪	喜怒	哀乐
真伪	胖瘦	多寡	肥瘦	始末	是非	冷暖
老少	功过	阡陌	前后	上下	左右	古今
男女	阴阳	中外	始终	恩怨	天地	矛盾
里外	源流	广袤	宾主	城乡	肺腑	肝胆
兴亡	未来	存亡	聚散	输赢	买卖	出入
起伏	开关	死活	动静	得失	生死	手足
世代	恩惠	恩泽	边界	边际	边疆	边境
边沿	界限	功绩	功勋	功利	功名	功能
功效	功业	功用	利禄	源头	本息	本利

本原	本源	本真	根本	末尾	末端	末梢
末后	初始	幅员	光辉	基础	基本	品貌
妇孺	身心	神志	神智	声誉	寿命	岁月
腿脚	文理	文教	文娱	学识	血汗	血泪
言辞	言词	言行	音信	肢体	踪迹	踪影
秩序	智慧	智谋	中央	纵深	收支	穿戴
穿着	忧患	生平	平生	饮食	折扣	知觉
作为	温饱	治安	主次	宇宙	天空	老天爷
太阳系	西天	下文	上身	下身	上游	下游
男方	女方	男家	女家	次女	大女儿	小女儿
前人	阁下	当局	爱人	内人	内当家	当家的
自身	对门	背面	本地	本国	外国	本省
外省	外乡	野外	远方	远洋	远祖	本行
彼岸	别处	课外	课内	境内	境外	乡间
乡下	早春	门诊	男科	妇科	儿科	外科
内科	呼吸科	生理	嗓音	学籍	正电	负电
党籍	党性	暖气	食欲	史册	史策	市容
市政	天文	天分	天赋	天公	天宫	天色
天光	天候	天际	肝火	步子	财贸	财政
常年	女红	女权	道义	德育	敌后	士气
除法	乘法	加法	减法	国境	海外	海运
肌体	记性	近况	本科	本质	军事	考古
科技	水性	体质	顺风	逆风	同辈	林业
农业	渔业	副业	工业	商业	水利	天文
田径	土木	视觉	听觉	嗅觉	味觉	触觉
外籍	外交	卫生	中医	西医	人间	人口
人类	人生	人士	人世	人手	私交	幼年

原形	胃口	去向	途中	眼界	阳电	阴电
阴历	阳历	邮政	早年	晚年	中年	壮年
战火	朝晖	真相	政协	政治	智力	注意力
宗教	伤势	病势	内忧	内患	肉欲	肉体
腐儒	色情	色相	色欲	残年	残局	残兵
残冬	残敌	残生	公愤	死地	死罪	忧心
左翼②	右翼②	灾情	稚气	罪责	华诞	寿诞
年华	韶华	韶光	佳绩	佳期	实际	实况
实效	实质	盛名	盛情	盛世	诗意	良心
时光	时务	硕果	基层	眼福	长势	真知
正途	正义	重兵	迷途	脑海	前线	身手
视野	眼帘	夜幕	铁窗	星火	文坛	诗坛
影坛	体坛	足坛	篮坛	艺坛	医坛	政坛
前尘	红尘	风尘	尘世	手笔	手头	睡乡
梦乡	雨露	佛门	嗓门	肛门	衙门	脑门
心地	心机	心坎	心头	牙床	头脑	咽喉②
烟火②						

附录五　HSK 考试大纲斥量名词列表

北京	汉语	天气	中国	环境	世界	数学
太阳	爱情	地球	海洋	教育	京剧	科学
首都	顺序	幸福	性别	语法	中文	自然
岸	本质	成分	地理	地位	对方	隔壁
工业	功夫	古代	固体	观念	规模	海关
和平	华裔	化学	幻想	汇率	记忆	价值
郊区	结构	金属	军事	空间	力量	利润
利益	逻辑	美术	魅力	面积	民主	命运
内科	能源	农业	企图	气氛	情景	人口
人类	人生	人事	人员	日程	嗓子	沙漠
沙滩	商业	身材	事实	手工	思想	体积
天空	田野	通讯	外交	胃	文学	物理
物质	现实	现象	小吃	效率	心脏	行为
性质	学术	样式	营养	勇气	宇宙	语气
运气	灾害	哲学	真理	政治	秩序	智慧
重量	状况	状态	资格	自由	癌症	包装
暴力	北极	本能	本人	本事	比重	边疆
边境	贬义	变故	补贴	布局	步伐	才干
财富	财务	财政	差距	场面	场所	成本
成效	赤道	赤字	出身	出息	储蓄	船舶
词汇	大伙儿	代价	诞生	弹性	淡季	地步
地势	地质	动静	动态	反感	反面	分寸

分量	粉色	风度	风光	风气	风味	幅度
福利	福气	负担	干劲	根源	工夫	公关
功效	骨干	官方	光彩	国务院	海拔	海滨
喉咙	后勤	互联网	活力	基因	激情	极端
极限	疾病	记性	教养	金融	经纬	精华
颈椎	局面	局势	觉悟	卡通	口气	口腔
口音	乐趣	理智	良心	脉搏	媒介	门诊
密度	面子	名誉	母语	目光	内涵	年度
农历	欧洲	片刻	品德	品行	品质	魄力
歧视	气概	气魄	气色	气势	气味	气象
潜力	情理	丘陵	趣味	全局	权威	人道
人间	人士	人性	容貌	刹那	摄氏度	神情
神色	神态	生理	声势	声誉	胜负	盛情
实惠	实力	实质	书法	思维	四肢	俗话
素质	太空	天堂	天文	田径	条理	外表
外界	威风	威力	威望	威信	维生素	胃口
温带	文艺	现状	效益	信誉	性情	胸怀
胸膛	羞耻	须知	畜牧	嗅觉	血压	眼光
眼色	眼神	意志	毅力	饮食	元首	源泉
遭遇	战略	真相	正义	指望	志气	治安
智力	智能	中央	终点	诸位	主流	主权
专科	滋味	棕色	踪迹	总和	尊严	作风

（共 308 个）

附录六　HSK 考试大纲时间词、方位词、处所词列表

后面	今天	明天	前面	上午	下午	现在
中午	昨天	旁边	去年	晚上	右边	地方
附近	刚才	以后	以前	中间	周末	当地
到处	对面	平时	傍晚	除夕	从前	当代
国庆节	近代	星期天	目前	期间	学期	以来
中旬	最初	当初	当前	端午节	跟前	黄昏
黎明	凌晨	起初	清晨	先前	元宵节	正月
重阳节	周边	周年	左右			

（共53个）

附录七 HSK 考试大纲零维名词列表

电影	工作	汉语	名字	时候	天气	星期
月	考试	课	生日	时间	事情	问题
小时	姓	运动	办法	词语	打算	根据
故事	关系	环境	机会	历史	普通话	声音
数学	习惯	新闻	要求	音乐	影响	游戏
作业	爱情	标准	部分	材料	答案	动作
对话	法律	翻译	范围	方法	感觉	感情
工资	广播	广告	规定	寒假	好处	号码
回忆	活动	基础	计划	技术	价格	奖金
教育	结果	京剧	经济	经历	经验	看法
科学	困难	理想	力气	密码	民族	目的
内容	耐心	能力	年龄	脾气	签证	区别
生活	生命	食品	世纪	首都	数量	数字
顺序	说明	态度	特点	条件	通知	网站
温度	文章	误会	小说	笑话	幸福	性别
性格	压力	演出	阳光	样子	艺术	意见
印象	语法	语言	原因	责任	证明	知识
职业	质量	中文	重点	周围	主意	自然
总结	组织	保险	报告	背景	本领	本质
标点	标志	表情	不足	步骤	部门	财产
测验	差别	常识	朝代	称呼	成分	成果
成就	成语	传说	传统	错误	待遇	贷款

胆小鬼	导演	道德	道理	地理	地位	动画片
短信	对方	发明	反应	方案	方式	概念
感受	感想	隔壁	个性	工业	功夫	贡献
古代	观点	观念	冠军	光明	规矩	规律
规模	规则	国籍	海关	和平	后果	华裔
化学	话题	幻想	汇率	婚礼	婚姻	集体
记忆	纪录	纪律	家庭	家务	价值	简历
建议	讲座	角度	角色	教训	阶段	结构
结论	借口	金属	精力	决赛	军事	开幕式
课程	空闲	理论	理由	力量	利润	利息
利益	恋爱	领域	论文	逻辑	毛病	美术
魅力	谜语	秘密	面积	民主	名牌	命令
命运	目标	目录	内科	能源	年代	年纪
农业	频道	品种	评价	奇迹	企图	气氛
前途	青春	情景	情绪	请求	趋势	圈
权力	权利	人口	人类	人生	人事	人物
人员	日程	日期	商业	身份	神话	声调
诗	时代	时刻	时期	事实	事物	收获
手工	手术	手续	寿命	数据	思想	提纲
题目	体会	通讯	外交	文明	文学	物理
雾	系	系统	细节	现实	现象	项目
象征	小吃	效率	信号	信息	行为	形象
形状	性质	学术	学问	样式	业务	遗憾
疑问	乙	义务	意外	意义	营养	勇气
优势	语气	预报	元旦	原则	缘故	愿望
运气	灾害	展览	战争	账户	哲学	真理
证件	证据	政治	制度	秩序	智慧	中心

重量	状况	状态	姿势	资格	资源	自由
宗教	组合	作品	作文	癌症	案件	案例
把戏	百分点	版本	榜样	包装	暴力	备份
本能	本钱	本事	比重	弊病	弊端	贬义
变故	标记	标题	博览会	补贴	布局	步伐
部位	才干	财富	财务	财政	草案	策略
层次	差距	产业	场合	场面	倡议	潮流
称号	成本	成效	成员	赤字	出身	出息
储蓄	传记	船舶	词汇	次序	大伙儿	代价
诞生	弹性	淡季	党	档次	导向	等级
地步	地势	地质	典礼	东道主	动机	动静
动力	动态	对策	法人	反感	反面	范畴
方位	方言	方针	分寸	分量	分歧	粉色
风暴	风度	风光	风气	风味	符号	幅度
福利	福气	负担	干劲	纲领	高潮	格局
格式	个体	根源	工夫	公告	公关	公式
公务	功课	功劳	功效	股份	骨干	故乡
故障	顾虑	官方	惯例	光彩	规范	规格
规章	国务院	含义	后勤	互联网	活力	机密
机遇	迹象	基金	基因	激情	级别	极端
极限	疾病	籍贯	记性	技能	技巧	季度
季军	假设	间隔	见解	见闻	教养	节奏
结局	金融	进展	经费	经纬	精华	颈椎
境界	局面	局势	局限	决策	觉悟	卡通
开支	科目	课题	空隙	口气	口音	款式
来源	乐趣	礼节	理智	立场	利率	良心
灵感	灵魂	论坛	脉搏	媒介	媒体	门诊

梦想　密度　面貌　面子　名次　名额　名誉
模式　模样　母语　目光　内涵　内幕　能量
年度　农历　片刻　偏差　偏见　频率　品德
品行　品质　魄力　期限　歧视　启示　起源
气概　气功　气魄　气色　气势　气味　气象
气压　前景　前提　潜力　倾向　情报　情节
情理　情形　曲子　趣味　圈套　全局　权威
权益　缺陷　人道　人格　人士　人性　容貌
弱点　散文　色彩　刹那　设想　摄氏度　神情
神色　神态　生机　生理　生态　声明　声势
声誉　胜负　盛情　失误　时差　时光　时机
时事　实惠　实力　实质　世代　世界观　事故
事迹　事件　事态　事务　事项　事业　势力
视力　是非　手法　手势　手艺　书法　数额
数目　思维　思绪　俗话　素质　岁月　特长
特色　题材　体系　天文　田径　条款　条理
条约　童话　途径　推论　外表　外界　网络
往事　威风　威力　威望　威信　维生素　胃口
文艺　误差　误解　习俗　闲话　嫌疑　现状
线索　宪法　效益　心灵　心态　心血　心眼儿
信念　信仰　信誉　行政　形态　性命　性能
性情　胸怀　羞耻　须知　需求　畜牧　嗅觉
悬念　学历　学说　学位　血压　言论　眼光
眼色　眼神　演讲　谣言　要点　要素　野心
依据　仪式　遗产　疑惑　意识　意图　意向
意志　毅力　阴谋　饮食　隐私　舆论　预算
预言　预兆　欲望　寓言　元首　元素　原理

源泉	遭遇	噪音	摘要	战略	战术	章程
真相	争议	正义	政权	职能	职位	职务
指标	指令	指示	指望	志气	治安	智力
智能	智商	中央	终点	种族	周期	周折
昼夜	诸位	主流	主权	主题	注释	著作
专长	专科	专利	专题	准则	姿态	资本
资产	滋味	宗旨	棕色	踪迹	总和	尊严
作风	座右铭					

（共 772 个）

附录八 《斯瓦迪士核心词列表》中的名词

woman 女人	man(adult male) 男人	man(human being) 人
child 孩子	wife 妻子	husband 丈夫
mother 妈妈	father 爸爸	animal 动物
fish 鱼	bird 鸟	dog 狗
louse 虱子	snake 蛇	worm 虫
tree 树	forest 森林	stick 棍
fruit 果子	seed 种子	leaf 树叶
root 根	bark 树皮	flower 花
grass 草	rope 绳子	skin 皮肤
meat 肉	blood 血	bone 骨头
fat(*n.*) 肥肉	egg 鸡蛋	horn 角
tail 尾	feather 羽毛	hair 头发
head 头	ear 耳朵	eye 眼睛
nose 鼻子	mouth 嘴	tooth 牙
tongue 舌头	fingernail 指甲	foot 脚
leg 腿	knee 膝盖	hand 手
wing 翅膀	belly 肚子	guts 肠子
neck 脖子	back 背	breast 乳房
heart 心	liver 肝	sun 太阳
moon 月亮	star 星星	water 水
rain 雨	river 河	lake 湖
sea 海	salt 盐	stone 石头

sand 沙子	dust 灰	earth 地
cloud 云	fog 雾	sky 天空
wind 风	snow 雪	ice 冰
smoke 烟	fire 火	ash 灰
road 路	mountain 山	name 名字

(共 81 个)

参考文献

[1] 陈平.释汉语中与名词性成分相关的四组概念[J].1987(2):81-92.

[2] 陈平.论现代汉语时间系统的三元结构[J].1988(6):401-422.

[3] 陈永芳.现代汉语非量化名词研究[D].上海:华东师范大学,2009.

[4] 储泽祥.名词的空间义及其对句法功能的影响[J].语言研究,1997(2):34-48.

[5] 戴浩一.以认知为基础的汉语功能语法刍议(上)[J].国外语言学,1990(4):21-27.

[6] 丁加勇.现代汉语数名结构的篇章功能[J].语言研究,2005(1):19-25.

[7] 胡明扬.词类问题考察[M].北京:北京语言文化大学出版社,1996.

[8] 黄旻纯.汉语"数+名"组合与对外汉语量词教学[D].苏州:苏州大学,2010.

[9] 惠红军.汉语量词研究[D].成都:四川大学,2009.

[10] 惠红军.汉藏语系的数量名结构[J].汉语学报,2018(1).

[11] 孔子学院总部/国家汉办.HSK考试大纲[M].北京:人民教育出版社,2015.

[12] 黎锦熙.新著国语文法[M].北京:商务印书馆,1998.

[13] 刘丹青.汉语类指成分的语义属性和句法属性[J].中国语

文,2002(5).

[14] 刘利峰,毛智慧."满+身体名词+中心词"与"a/an+身体名词-ful+中心词"结构的维度属性认知分析[J].语言应用研究,2016(11):155-158.

[15] 刘顺.现代汉语名词的多视角研究[M].上海:学林出版社,2003.

[16] 刘学敏,邓崇谟.现代汉语名词量词搭配词典[Z].杭州:浙江教育出版社,1989.

[17] 龙涛.现代汉语名词(语)的语义范畴研究[M].哈尔滨:黑龙江人民出版社,2010.

[18] 陆俭明.说量度形容词[J].语言教学与研究,1989(3).

[19] 吕叔湘等.现代汉语八百词(增订本)[M].北京:商务印书馆,1999.

[20] 马洪海.现代汉语"数+名"组合的类型及其成因[J].浙江师范大学学报,2008(5):83-86.

[21] 马建忠.马氏文通[M].北京:商务印书馆,1998.

[22] 马庆株.数词、量词的语义成分和数量结构的语法功能[J].中国语文:1990(3).

[23] 马庆株.汉语语义语法范畴问题[M].北京:北京语言大学出版社,1998.

[24] 彭睿.a 名词和名词的再分类[C]//胡明扬.词类问题考察.北京:北京语言大学出版社,1996:93-104.

[25] 彭睿.b 非量化名词的考察[C]//胡明扬.词类问题考察.北京:北京语言大学出版社,1996:105-107.

[26] 邵敬敏.量词的语义分析及其与名词的双向选择[J].中国语文,1993(234):181-188.

[27] 邵敬敏.汉语语法的立体研究[M].北京:商务印书馆,2000.

[28] 沈家煊."有界"与"无界"[J].中国语文,1995(5):367-380.

[29] 沈家煊.不对称和标记论[M].南昌:江西教育出版社,1999.北京:商务印书馆再版,2015.

[30] 沈家煊.认知与汉语语法研究[M].北京:商务印书馆,2009.

[31] 沈家煊.名词和动词[M].北京:商务印书馆,2016.

[32] 石毓智.汉语语法[M].北京:商务印书馆,2011.

[33] 吴福祥,冯胜利,黄正德.汉语"数+量+名"格式的来源[J].中国语文,2006(5).

[34] 吴雅慧.数词有限制的数量结构[J].语言教学与研究,1994(4):52-68.

[35] 王惠,朱学峰.《现代汉语语法信息词典》的收词原则[N].中国计算机报,1994-5-31(79-83).

[36] 王惠,朱学峰.现代汉语名词的子类划分及定量研究[C]//陆俭明.面向新世纪挑战的现代汉语语法研究'98现代汉语语法学国际学术会议论文集.济南:山东教育出版社,2000:852-863.

[37] 王惠.现代汉语名词词义组合分析[M].北京:北京大学出版社,2004.

[38] 王珏.现代汉语名词研究[M].上海:华东师范大学出版社,2001.

[39] 温锁林.汉语中的非量化名词[J].广西师范大学学报(哲学社会科学版),2018(3):67-75.

[40] 吴为善.认知语言学与汉语研究[M].上海:复旦大学出版社,2011.

[41] 俞士汶,等.现代汉语语法信息词典详解:第2版[M].北京:清华大学出版社,2003.

[42] 袁毓林.词类范畴的家族相似性[J].中国社会科学,1995(1).

[43] 袁毓林,马辉,周韧等.汉语词类划分手册[M].北京:北京语言大学出版社,2009.

[44] 张伯江.词类活用的功能解释[J].中国语文,1994(5):339-346.

[45] 张斌.现代汉语描写语法[M].中国社会科学,1995(1).

[46] 张国宪.现代汉语形容词功能与认知研究[M].北京:商务印书馆,2006.

[47] 张黎.汉语名词数范畴的表现方式[J].汉语学习,2003(5):28-32.

[48] 张启睿,舒华,刘友谊.汉语个体量词认知研究述评[J].心理科学进展,2011(4):510-520.

[49] 张文庭.现代汉语非量名词研究[D].上海:上海师范大学,2012.

[50] 赵元任.中国话的文法[M]//赵元任全集:第1卷.北京:商务印书馆,2002.

[51] 赵元任.汉语口语语法[M].北京:商务印书馆,2005.

[52] 周丽萍.现代汉语非量名词探微[J].暨南大学华文学院学报,2002(1):49-57.

[53] 周芍.名词量词组合的双向选择研究及其认知解释[D].广州:暨南大学,2006.

[54] 朱德熙.语法讲义[M].北京:商务印书馆,1982:42-44.

[55] 宗守云.汉语量词的认知研究[M].北京:世界图书出版社,2012.

[56] [德]弗里德里希·温格瑞尔,汉斯-尤格·施密特.认知语言学导论:第2版[M].彭利贞,许国萍,赵微,译.上海:复旦大学出版社,2016.

[57] [美] R.L.Trask.Historical Linguistics[M].北京:外语教学与研究出版社,2000:408-409.

后 记

廿年前,幸忝列门墙的我于张爱民和吴继光两位恩师指导下相继完成了本科毕业论文《论现代汉语名词的分类标准》与硕士学位论文《现代汉语度量名词研究》,从此走上了名词研究的"不归路",斥量名词"折磨"我达二十年之久。

四年前我申请了江苏省社科基金项目"认知视角下现代汉语无量名词研究",以开题研究为契机对斥量名词进行了些许深入的探讨。在书稿撰写期间,我曾多次叨扰名词研究专家南京审计大学刘顺教授,也曾有幸得到了华东师范大学韩蕾师姐相助,在我患病期间师弟刘磊博士更是协助我完成了斥量名词定量分析章节的撰写,蒙诸位师友鼎力相助,感激不尽。此外更是以微信、邮件和面晤诸多形式向耄耋之年的爱民恩师讨教多次,使想法有所深入和提高。今诚惶诚恐写毕,受到学界前辈马庆株教授和段业辉教授鼓励,小辈有信心将拙作付梓。

愚钝不自知,仅为汉语语法学界名词研究呈一孔之见,望学界哂笑之余不吝赐教。

王红侠
乙亥七月朔日于常